Guia de
MASSAGEM
PARA quem ama
CACHORROS

Jody Chiquoine / Linda Jackson

Guia de MASSAGEM PARA quem ama CACHORROS

1ª edição
São Paulo / 2017

Editora Ground / Editora Aquariana

© 2008 Jody Chiquoine e Linda Jackson

Título original: *A Dog Lover's Guide to* CANINE MASSAGE
Satya House Publications (www.satyahouse.com)

Tradução: Ana Reis
Projeto gráfico: Ediart
Editoração e revisão: Antonieta Canelas
Fotos: Jody Chiquoine e Linda Jackson,
exceto: p.84-87 Sandra Murley; p.117 Cris Raymond;
p.118 Julie Murkette; p.137 Amy Fish; p.139 Nora Adelman
Capa: Niky Venâncio - *Fotos:* arquivo Editora Ground

Este livro destina-se a todas as pessoas que têm cachorros e os amam. Não pretende substituir um diagnóstico e tratamento apropriados indicados por um veterinário qualificado, mas pode ser utilizado como complemento de tratamento pelo próprio veterinário ou por outros profissionais que cuidem da saúde de cachorros.

A massagem e os alongamentos devem ser sempre realizados com precaução. Todo o trabalho realizado no corpo de um cão é executado por conta e risco próprios.

**CIP-BRASIL. CATALOGAÇÃO NA PUBLICAÇÃO
SINDICATO NACIONAL DOS EDITORES DE LIVROS, RJ**

C468g

    Chiquoine, Jody
    Guia de massagem para quem ama cachorros / Jody Chiquoine, Linda Jackson. -- 1. ed. -- São Paulo : Aquariana.
    144 p. ; 23 cm. (Pet ground ; 1)

    Tradução de: A dog lover's guide to canine massage
    Inclui bibliografia
    ISBN: 978-85-7217-182-3

    1. Cães - Doenças - Tratamento alternativo. 2. Dor nos animais. I. Jackson, Linda. II. Título. III. Série.

17-41527   CDD: 636.708958
                       CDU: 636.1.09:615.8

04/05/2017 05/05/2017

Publicado em coedição com a **Editora Ground Ltda.**
www.ground.com.br

Direitos reservados:
Editora Aquariana Ltda.
Av. Santa Catarina, 619 – sala 14 – Vila Alexandria
04635-001 São Paulo - SP
Tel.: (11) 5031.1500
vendas@aquariana.com.br / www.aquariana.com.br

SUMÁRIO

Agradecimentos, 7
Introdução à MASSAGEM CANINA, 9
Como usar este livro, 11

1. **A linguagem corporal do seu cachorro, 13**

2. **O que é a MASSAGEM?, 19**
   Os benefícios da MASSAGEM, 21
   Como tocar, 23
   Massagem: o que você DEVE e o que você NÃO DEVE fazer, 24
   Contraindicações ou quando você NÃO DEVE fazer MASSAGEM, 26
   Ensine o seu cachorro a aceitar a MASSAGEM, 28

3. **Técnicas de MASSAGEM – o presente que damos aos nossos cachorros, 31**
   Effleurage, 32
   Pétrissage, 34
   Rolamento de pele, 35
   Compressão, 36
   Vibração, 38
   Agitar, 39
   Tapotement (Percussão), 40
   Fricção, 41
   Torcer, 42
   Balançar, 43

4. **Anatomia canina – Síntese, 45**

5. **Alongamentos, 77**

6. **A rotina de MASSAGEM, 91**

7. **Perguntas frequentes, 109**

8. **Grupos caninos mais comuns: Antecedentes, áreas de tensão e onde massagear,** 117
   Classificação dos grupos de cães, 118

Glossário, 133
Sobre as autoras, 137
Bibliografia, 142

AGRADECIMENTOS

A tarefa de escrever um *Guia de Massagem para quem ama Cachorros* teve, de fato, muitos colaboradores, tanto caninos quanto humanos. Gostaríamos de agradecer a todos aqueles que ajudaram a tornar este livro realidade.

Em primeiro lugar, agradecemos aos nossos cachorros, que têm sido os nossos professores. Eles nos ajudaram a melhorar as nossas capacidades e compartilharam conosco a profundidade da ligação entre um cachorro e um ser humano. Sentimos um profundo apreço por sua tolerância e paciência. Estes amigos caninos fomentam o nosso crescimento e a nossa gratidão interminável está embutida em cada técnica, alongamento e beijo! Eles tocaram profundamente os nossos corações.

Nos últimos cinco anos, tivemos muitos participantes nas nossas aulas de massagem canina, todos colaboraram com o projeto do curso sempre em constante evolução e ofereceram um retorno valioso para a melhoria dos programas. Nos incentivaram a escrever este livro e proporcionaram as abundantes oportunidades fotográficas incluídas nestas páginas. Sentimo-nos gratas quando os vemos aprender as técnicas de massagem canina e quando, no final de cada aula, observamos o vínculo intenso que se estabelece entre cada pessoa e o seu companheiro canino durante uma massagem relaxante.

Gostaríamos de agradecer a todos os profissionais de saúde (veterinários, terapeutas etc.) que optam por trabalhar como membros de uma equipe. É este trabalho em equipe e esta colaboração que contribui para que as pessoas proporcionem aos seus cachorros uma vida plena e feliz.

Um agradecimento especial a Julie Murkette por partilhar da nossa visão dos cachorros e a Satya House Publishing por tornar este sonho uma realidade.

Nossos agradecimentos sinceros a Cris Raymond, nossa extraordinária editora e amiga, apaixonada por cães. Somos eternamente gratas pelas horas intermináveis que ela e sua cadela Chiara nos dedicaram, ela escrevendo, com o seu dicionário gigante e muitas xícaras do seu famoso chá de gengibre. Ao transformar as nossas ideias em palavras, Cris foi sempre honesta, bondosa e implacável. Muito obrigada.

Jody

Agradeço ao meu adorado Remy, por me ter ensinado a coragem. Escrevi este livro para você.

"Obrigada" não é suficiente para expressar a gratidão que sinto pelo meu marido, Tim. O seu apoio, ideias fantásticas, infinita paciência e carinho estão além das palavras. Sem isto, o livro não teria sido possível.

Para a minha falecida mãe, que amava todas as criaturas grandes e pequenas e me inspirou sempre que senti vontade de desistir.

Para o meu pai, que me ensinou a qualidade da tenacidade e a crença de que tudo é possível.

Linda

Em primeiro lugar, agradeço a minha filha Kate, pelo seu humor, pela sua vontade de passear com os cachorros quando eu não podia, por me relembrar aquilo que sempre lhe ensinei — que tudo é possível — e por sua confiança em mim e no fato de acreditar que eu podia efetivamente escrever um livro.

Infinita gratidão aos meus professores — os meus cães, Gypsy, Sachi e Romeo — por me permitirem parar de escrever no meio de uma frase para lhes fazer uma massagem de modo a garantir que o que eu estava escrevendo era correto. Devo-lhes uma vida de massagens.

E, claro, agradeço aos meus pais, que desde tenra idade me incutiram a determinação.

Introdução à MASSAGEM CANINA

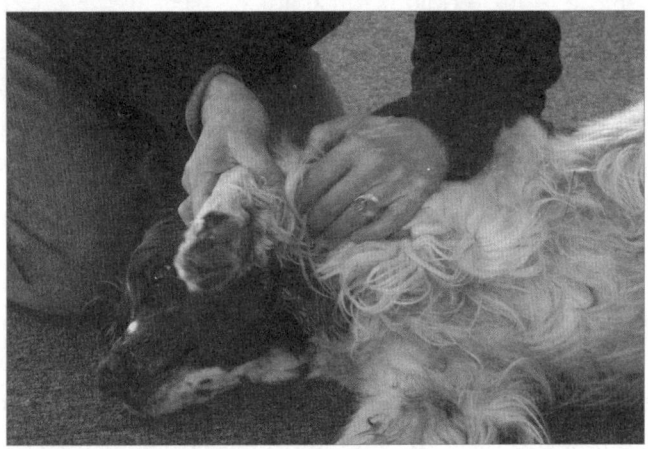

*Os cães são o nosso elo com o paraíso.
Eles desconhecem o mal, a inveja ou o descontentamento.
Sentarmos na encosta de uma colina, numa bela tarde,
ao lado de um cão, é regressar ao Éden,
onde estar sem fazer nada não era enfado, era paz.*

— MILAN KUNDERA

A MASSAGEM CANINA É IMPORTANTE porque quando a aplicamos regularmente nos nossos animais de estimação conseguimos identificar possíveis problemas e consultar o veterinário antecipadamente. Uma massagem regular, evita que os cachorros acumulem tensão nos músculos, sofram lesões e adoeçam com frequência.

Quando os massageamos, convertemo-nos nos primeiros detetives dos problemas, quer seja um nó muscular, um nódulo, um carrapato ou uma dor. A prática da massagem faz as nossas mãos e dedos adquirirem mais sensibilidade para detetar desequilíbrios. Quando as nossas mãos conhecem a sensação de um corpo saudável, conseguem reconhecer quando surge um problema. Ficamos mais atentos a quaisquer alterações nos tecidos, a respostas anormais ou aos sinais de alerta que podem exigir atenção profissional.

Com a prática da massagem regular, é possível criar um programa de saúde preventivo e de manutenção. Quando o corpo relaxa e a tensão é aliviada, as lesões são menos frequentes. A massagem ajuda no processo de relaxamento e reduz a rigidez muscular.

Os cachorros vivem no presente. Quando ficam ansiosos, podem abocanhar ou morder, mas logo em seguida estão prontos para continuar brincando. Eles não retêm a ansiedade da mesma forma que as pessoas porque conseguem libertar a tensão com mais facilidade e mais rapidamente do que os seres humanos.

A partir das nossas próprias experiências positivas, começamos a explorar o ensino da massagem para os donos de cachorros. Acreditamos que se mais pessoas aprenderem a massagear os seus animais de estimação, mais saudáveis eles ficam e mais feliz se torna a sua relação. Duas vezes por ano oferecemos um programa de massagem canina para os donos e seus cachorros. Observamos que a ligação entre as pessoas e os seus companheiros caninos se aprofunda. Num único dia, os participantes sentem-se confiantes de que estão na posse de ferramentas valiosas para participarem ativamente na saúde e no bem-estar dos seus animais. Eles aprendem a massagear os seus bichinhos. Terminamos sempre as aulas profundamente comovidos com a proximidade que se desenvolve numa relação já tão estreita.

O retorno ao nosso trabalho tem nos convencido da validade da massagem para a saúde e o bem-estar. A massagem é muito mais do que uma indulgência agradável, é uma necessidade para disfrutar de uma boa saúde e muito fácil de aprender. A prática é que efetivamente se torna um desafio, uma vez que deve ser feita regularmente e leva um certo tempo para dominar as técnicas e adquirir confiança ao longo de todo o processo.

Embora este livro sirva como um guia para a massagem canina, o verdadeiro professor é o seu cachorro. Verá que ele vai lhe ensinar tudo o que você precisa saber, basta prestar atenção e ter coragem para tentar.

Jody Chiquoine e *Linda Jackson*

COMO USAR ESTE LIVRO

*A dádiva que lhes envio chama-se cão
e é, de fato, o bem mais precioso e valioso da humanidade.*

— THEODORIUS GAZA "Canis Laudatio"

Bem-vindo ao *GUIA DE MASSAGEM para quem ama CACHORROS!*

Seguem algumas ideias de como utilizar este livro. Esperamos que depois de o ler, possa aplicar o que aprendeu no seu cachorro e ambos disfrutem dos benefícios.

Leia primeiro o livro por inteiro. Ele está organizado de forma sequencial; depois, volte ao início e utilize as técnicas apresentadas na sequência dos capítulos, até que toda a rotina de massagem esteja concluída.

Ao longo deste livro você vai encontrar seções de "Exercícios" com perguntas dirigidas e dicas de novos exercícios.

Este guia serve de orientação para os nossos programas de formação de massagem. Se você é um massagista profissional e inclui cachorros na sua prática diária, esperamos que considere a nossa proposta um guia precioso para o seu trabalho.

1
A LINGUAGEM CORPORAL DO SEU CACHORRO

*A razão pela qual o cão tem tantos amigos
é porque ele mexe a cauda antes de mostrar os dentes.*
— ANÔNIMO

Aprenda a entender o seu cachorro

OS CACHORROS NÃO SE COMUNICAM COM PALAVRAS. Eles se expressam através do movimento dos olhos, da posição da cauda, da forma de caminhar, da postura corporal, da posição das orelhas e do movimento dos lábios. Comunicam-se conosco e entre si essencialmente através da linguagem corporal.

Estudos realizados por uma universidade, mostraram que os cachorros obtiveram uma pontuação mais elevada do que qualquer outro animal, incluindo os macacos, na "leitura" da linguagem corporal dos humanos, e o fazem muito melhor do que nós.

A maioria das pessoas já se perguntou como é que os cachorros sabem, quando chega o sábado, que é dia de sair para passear e não para trabalhar. Eles sabem que o fim-de-semana chegou porque observam astuciosamente a troca de roupa. Todavia, o artigo mais importante e decisivo é o calçado. Quando trocamos os nossos sapatos sociais por tênis velhos ou botas de caminhada, o nosso companheiro sabe que a seguir vem a trela!

Os cachorros são, provavelmente, os animais mais observadores de todas as espécies. Embora pensemos que o nosso cachorro está dormindo, a maioria das vezes ele está escutando e prestando atenção à mais sutil mudança de energia. Repare nas orelhas do seu cachorro quando ele está dormindo. A forma como o dono se move na cadeira imediatamente antes de terminar de ler o seu jornal significa que a atividade seguinte é a preparação da refeição dele. O cachorro senta-se, agita a cauda, levanta-se para lhe dar um leve toque e segue em direção à cozinha. Nessa altura, o dono se pergunta como o cachorro sabia que ele estava chegando ao fim do jornal. Os cachorros seriam jogadores de pôquer exímios porque nunca lhes escapam os mínimos pormenores.

Por que motivo esta capacidade de interpretar a linguagem corporal, que é quase uma capacidade espiritual intuitiva, está tão desenvolvida nos cachorros? No meio selvagem, de onde provêm todos os cães, a sobrevivência depende desta capacidade de interpretar os "sinais". Aproximar-se de um líder dominante de forma errada pode despoletar um ataque. A incapacidade de "ler" a fraqueza das presas pode resultar em fome, por isso os cães, na qualidade de descendentes dos lobos, desenvolveram estes sentidos aguçados.

Por que a linguagem corporal é importante para nós?

Um bom conhecimento da linguagem corporal pode ajudar a nos protegermos e aos nossos animais de estimação dos cachorros agressivos ou dominantes que encontramos. Pode nos ajudar a detetar sinais precoces de preocupação e doença no nosso animal. Existem muitos livros que abordam o tema da linguagem corporal. Além disso, muitos manuais para treino de cachorros incluem capítulos dedicados a este assunto, incentivando os interessados a explorarem este item fascinante.

Linguagem corporal e MASSAGEM

A linguagem corporal desempenha uma função importante na massagem à medida que vamos observando as reações do cachorro ao nosso toque. Alguns cachorros aprendem depressa a gostar de ser tocados e irão se posicionar alegremente no local que o dono ou ele escolheram para a massagem. Mas outros, no início, podem não gostar do toque que está associado à massagem e olhar para o lado, lamber ansiosamente os lábios e baixar a cabeça.

É muito importante ter em atenção que um cachorro dominante, medroso ou com dores pode abocanhar se sentir ansiedade. Um animal dominante pode ter dificuldade em se colocar na posição e não querer se deitar ou ficar quieto, ou deitar-se de lado. Pode também manifestar-se oralmente e rosnar quando lhe tocar as patas, orelhas, cabeça ou cauda. A massagem deve ser relaxante e divertida. Como alternativa, siga o que o seu cachorro lhe permitir fazer. Por exemplo, comece por massagear uma área restrita do corpo, como o pescoço ou as espáduas, e limite o tempo de um a três minutos.

Cachorros medrosos ou tímidos podem encolher-se, recolher a cauda entre as patas traseiras e olhar "de lado". Este tipo de situação ocorre quando ele está de frente para o dono mas não o olha diretamente. O olhar pode ser intenso ou receoso e ele pode alternar entre olhar para o dono ou em outra direção. Tome cuidado se o seu cão o olhar de lado, porque ele pode abocanhá-lo ou morder sem aviso. Neste caso, deve começar a massagem com movimentos suaves e ir aumentando a pressão de forma muito sutil. Tente não alterar este modo de proceder, uma vez que a mudança de energia pode assustar o cachorro até ele se acostumar a esta nova abordagem.

Tal como com um cachorro dominante, comece com sessões breves de um a três minutos, termine antes que ele comece a se mostrar inquieto e receoso e limite o tamanho da área a ser tratada.

No caso de cachorros dominantes ou medrosos/tímidos os resultados serão melhores se trabalhar com um treinador, terapeuta comportamental ou veterinário. Os tratamentos com aromaterapia, ervas e homeopatia também podem ajudar. Os cachorros com dores devem ser sempre avaliados por um veterinário, de modo que a causa da dor possa ser determinada. O seu veterinário pode prescrever modalidades adicionais, tais como medicação, acupuntura, quiroprática, hidroterapia (nadar numa piscina terapêutica) ou procurar ajuda de um terapeuta de reabilitação canina.

Logo que a área da dor e a causa sejam determinadas, inicie a massagem pelas áreas sem dor. Comece com um toque leve e vá aumentando a pressão de forma lenta e gradual. A utilização da crioterapia (aplicação de compressas quentes e/ou frias) em áreas dolorosas ou pontos de tensão pode aliviar. A imposição de mãos (ver Capítulo 3, Técnicas de Massagem) também pode ser benéfica. Comece sempre com movimentos suaves e longos sobre as áreas doloridas e observe cuidadosamente a linguagem corporal do seu cachorro para evitar que ele o abocanhe ou morda. Tenha especial cuidado em manter a cara afastada do focinho dele quando trabalhar sobre as áreas dolorosas.

O seu animal não consegue dizer "Ai", mas ele pode se afastar do seu toque, a pele dele pode se contrair, ele pode olhar fixamente para você ou ficar de pé e se afastar. Se isto ocorrer é porque a pressão deve ser reduzida e precedida de compressas quentes e/ou frias.

Observar a reação do cachorro ao seu toque e a linguagem corporal dele proporciona uma investigação divertida. A maioria das pessoas força o cachorro a aprender a linguagem verbal sem nunca se preocupar em aprender a dele. Conceda ao seu animal a dádiva de também aprender a linguagem e a comunicação nos termos dele. Esse aprendizado irá aumentar a sua compreensão dele, e proporcionar níveis muito elevados de união e confiança mútua.

EXERCÍCIOS

1. Observe sutilmente o seu cachorro quando ele está deitado. O que ele está fazendo?

2. Deite-se no chão com o seu cachorro, feche os olhos e o acarinhe durante uns momentos. O que sente física e emocionalmente?

3. Observe com atenção o seu cachorro quando ele se aproxima de outros cães. O que lhe diz a linguagem corporal dele?

4. Comunique-se durante um tempo com o seu cachorro sem usar palavras. O que ele lhe disse? O que você disse a ele?

2
O QUE É A MASSAGEM?

A massagem deve ser simples.
— Platão

A MASSAGEM TEM FEITO PARTE DAS PRÁTICAS MÉDICAS de muitas culturas ao longo dos séculos. No Oriente e na Índia, ela ainda faz parte das práticas médicas. Na China, a *Tui Na* (massagem) utiliza a manipulação dos tecidos moles para melhorar a amplitude do movimento e curar ferimentos. Em textos médicos, a *Tui Na* era utilizada em áreas específicas do corpo para a cura. Na Tailândia, a massagem é feita com alongamentos. Na Índia, a massagem faz parte da medicina Ayurveda usada para limpar o organismo de impurezas. No Japão, a acupuntura e o shiatsu são as práticas corporais utilizadas tanto para a cura como para manter o corpo em equilíbrio.

A "massagem sueca" é a mais conhecida e os nomes das técnicas são em francês. Estes nomes têm sido utilizados pelo menos desde 1800, quando foram publicados na revista *Proceedings*, da Sociedade Alemã de Cirurgia. Massagem consiste na manipulação do tecido mole para estimular várias respostas fisiológicas. Estas ações mecânicas envolvem empurrar, puxar e friccionar. Massagem é o toque intencional, simples mas nem sempre fácil de praticar ou perfeito.

Atualmente, a massagem tem sido vista como uma indulgência agradável reservada aos mais abastados, mas nos últimos vinte anos tem tem vindo a recuperar o seu lugar como uma modalidade terapêutica e medicinal. Nos Estados Unidos, ser massagista exige um extenso programa de estudos, formação clínica e licença para a prática. Um número crescente de massoterapeutas trabalha terapeuticamente em ambientes profissionais e médicos, bem como em áreas de spa.

A massagem, enquanto ferramenta terapêutica, é agora reconhecida dentro das profissões médicas tradicionais e está mais integrada em ambientes hospitalares, consultórios de terapia física, clínicas quiropráticas e práticas de acupuntura. É cada vez mais reconhecida na medicina veterinária. Há profissionais em massagem equina e canina tanto em clínicas veterinárias como em ambientes de reabilitação. Muitos massoterapeutas estão bem treinados e incorporam a massagem humana e canina no seu trabalho. A massagem é hoje uma realidade nos cuidados da saúde.

Os benefícios da MASSAGEM

*Os cães não são tudo na nossa vida,
mas fazem com que ela tenha tudo.*
— Roger Caras

A massagem não só proporciona bem-estar como ajuda a relaxar a tensão muscular e a encontrar o nosso centro de calma, especialmente depois de um dia cansativo. O mesmo acontece com os cachorros e com todos os outros animais.

Alguns benefícios da MASSAGEM:

- Alivia o estresse quando é realizada regularmente. Os cachorros também sentem estresse, e embora não pareçam acumulá-lo da mesma forma que os humanos, com o tempo, ele pode causar problemas mais profundos que requeiram uma intervenção mais séria.

- É tranquilizante e reconfortante. Quem não precisa ser tranquilizado e reconfortado? Pense nas vezes que o seu cachorro pode estar precisando ser tranquilizado ou reconfortado.

- Acalma o sistema nervoso enviando sinais repetidos aos músculos para eles relaxarem.

- Desencadeia a capacidade natural do corpo de se autocurar de uma lesão, luxação, cirurgia ou exaustão. Nos momentos em que nós ou os nossos cachorros estamos doentes, ou talvez até nos recuperando de uma cirurgia, a massagem é muitas vezes a melhor terapia para ajudar no processo de cicatrização.

- Melhora a circulação e estimula os músculos, especialmente com a *pétrissage*, amassamento e rolamento de pele (ver Capítulo 3, Técnicas de Massagem). A massagem auxilia na distribuição de nutrientes, oxigênio e componentes do sangue arterial para as áreas a serem massageadas. Isto significa uma melhoria da saúde em geral.

- Afeta diretamente o sistema nervoso autônomo para o relaxamento e serenidade da mente.

- É uma ferramenta eficaz para detetar rigidez, dor, inchaço e tensão. A longo prazo pode evitar complicações dispendiosas em relação a problemas negligenciados.

- Ajuda na eliminação de toxinas bioquímicas, como resultado de uma melhor circulação.

- Maximiza a função normal dos tecidos, órgãos e sistemas corporais como a digestão, a absorção e a eliminação de nutrientes, e o sistema linfático. Com a liberação do estresse o corpo funciona de forma mais eficiente.

- Ajuda os músculos a funcionarem com mais eficácia, afrouxando as restrições resultantes da má utilização ou do uso exagerado dos músculos. Todos conhecemos a dor que surge quando continuamos a trabalhar mesmo nos sentindo exaustos. Um exemplo é quando nos exercitamos durante muito tempo ou com muita intensidade na academia, ou quando fazemos caminhadas mais longas depois de um inverno sedentário.

- Reduz o acúmulo de aderências nos músculos resultantes da inflamação provocada por lesão, cirurgia ou trauma. As aderências limitam a amplitude dos movimentos encurtando os músculos. Podemos sentir aderências como áreas filamentosas nos músculos que rodeiam uma lesão.

- Aumenta a agilidade dos cachorros, tanto durante as brincadeiras como em competição devido ao seu efeito positivo sobre os receptores de alongamento, tendões, fibras musculares e fáscia.

- Estimula o relaxamento dos tecidos através de um funcionamento mais eficiente dos nervos e das alterações químicas no organismo.

- Através das técnicas de fricção e alongamento, cria uma resposta inflamatória que tem o efeito de "despoletar" o processo de cura. As respostas inflamatórias resultantes inspiram a reparação dos tecidos em caso de lesão e tensão estimulando as células de cura e a energia do nosso corpo.

- Os benefícios da massagem incluem a redução dos sintomas de percepção da dor. Embora a dor nos permita proteger de danos maiores, a redução da dor também permite que o nosso corpo se cure corretamente.

- Suaviza e alonga o tecido conjuntivo que pode afetar os nervos, aliviando a dor dos nervos comprimidos.

- Normaliza o padrão de tensão muscular que restabelece um comprimento de repouso mais adequado aos músculos encurtados, o que também reduz a pressão sobre os nervos afetados.
- Por último, e talvez o mais importante, a massagem aumenta a ligação física e emocional entre o dono e o seu companheiro canino.

EXERCÍCIOS

1. Que benefícios você experimentou com a massagem?
2. Que benefícios você pensa que o seu cachorro irá experimentar?

Como tocar

Quando você faz a massagem, a qualidade do toque é importante. Se você já recebeu uma massagem de terapeutas diferentes, sabe que há toques que lhe são prazerosos e outros que você não aprecia. O mesmo acontece com o seu animal, se o seu toque não for suficientemente firme ou for demasiado firme, o seu cachorro não irá relaxar.

Compare o toque adequado da massagem com um aperto de mão. Existem apertos de mão frouxos e apertos de mão demasiado fortes, semelhantes ao aperto de um torno. E ainda há o aperto de mão firme e confiante. O mesmo acontece com a massagem. Um toque que é muito leve é desagradável e não tem intenção. O seu cachorro ficará confuso e irá embora ou dará algum sinal de que não está gostando da experiência.

Um toque muito forte machuca. O seu cachorro irá lhe mostrar se você o está machucando. Dará sinal com as orelhas, os olhos, a postura e a cauda. Pode até rosnar ou abocanhar se o toque for doloroso. Fará de tudo para fugir da experiência.

O melhor toque é o firme e confiante. Ele tem a intenção de massagear, que é relaxar e aliviar músculos cansados, mas mostra que o dono sabe o que está fazendo, transmite segurança e confiança. É o tipo de toque que vai ensinar o seu cachorro a relaxar.

O que você DEVE e o que você NÃO DEVE fazer

As listas a seguir são lembretes de como fazer da massagem uma experiência recompensadora tanto para você como para o seu cachorro.

O que você DEVE fazer

- Aguardar de 30 minutos a uma hora após um exercício extenuante, como uma longa caminhada. Esse tempo de espera permite que os músculos, a circulação e a temperatura corporal voltem ao normal. Também permite que a excitação do exercício desapareça para que seja mais fácil o seu cachorro relaxar com a massagem.

- Remover cardos, lama, carraças, sujeiras etc. antes de começar a massagem. Caso contrário, a massagem pode incorporar estes artigos na pele, e isso pode ser extremamente desconfortável para você e para o seu cachorro.

- Fazer a massagem dentro de casa. Embora fazer a massagem fora de casa possa parecer apelativo, há muitas distrações, desde ruídos à presença de animais do campo e insetos. Fazê-la em casa proporciona um ambiente com menos distrações.

- Manter outros animais o mais afastados possível. Se eles já sabem o que é a massagem, geralmente irão esperar pela vez deles.

- Dar o tom preparando um ambiente calmo, música e iluminação suave.

- Começar com toques suaves para aquecer uma área e prosseguir para toques mais firmes. Iniciar com toques firmes é como o aperto de mão muito forte. Sem primeiro aquecer a área com toques suaves, os toques mais firmes podem machucar e até fazer mais mal do que bem.

- Falar calmamente com o seu cachorro durante a massagem. Os cães gostam de ser tranquilizados durante qualquer massagem e especialmente quando ainda estão no início.

- Evitar massagear o animal com as unhas muito longas pois elas atrapalham algumas técnicas. Evitar também usar perfumes fortes. Para o faro apurado do cachorro, o cheiro de um perfume forte é uma experiência desagradável. Na verdade, o cachorro prefere o seu odor natural.

- Prestar atenção ao que o seu cachorro está querendo lhe dizer com os olhos, orelhas, cauda, respiração e mudanças de postura. Ele pode querer dizer que você está provocando desconforto ou que a sessão terminou.

- Estabelecer um horário, fazer a massagem sempre à mesma hora do dia ou dias da semana. Os animais gostam da rotina e criar uma rotina faz parte do aprendizado do seu cachorro.

O que você NÃO DEVE fazer

- Não falar enquanto estiver fazendo a massagem. O seu cachorro vai sentir que você está distraído e aproveitar para se afastar.

- Não falar em voz muito alta durante a massagem. O tom de voz elevado, dirigido ao seu cão ou a outra pessoa na sala, vai alterar a concentração na massagem.

- Não usar música muito alta ou muitas pessoas à sua volta. Isso muda a intenção e dificulta a concentração tanto para você como para o seu cachorro.

- Não fumar durante a massagem. Fumar é uma distração que pode machucar o seu cachorro se as cinzas cairem acidentalmente em cima dele, além do cheiro do fumo ser desagradável.

- Não fazer a massagem com pressa ou à força. A hora da massagem é um momento para relaxar. Quanto mais lentos e concentrados forem os seus movimentos, mais fácil será para o seu cachorro aproveitar e relaxar com a experiência. Se o tempo limitado for o problema, espere até poder se dedicar a um ritmo lento e relaxante.

- Não ignorar as contraindicações da massagem, elas são importantes para não piorar uma condição.

CONTRAINDICAÇÕES ou quando você NÃO DEVE fazer MASSAGEM

As contraindicações referem-se a situações, condições e momentos em que não devemos fazer massagem ou quando é mais indicado esperar indicação do médico veterinário para o fazer. Há duas categorias de contraindicações: absolutas e locais. As contraindicações absolutas são aquelas em que a massagem não é aconselhada porque pode agravar uma situação ou condição, tal como uma infecção. As contraindicações locais são aquelas em que a massagem pode ser feita evitando uma área afetada ou uma área em questão.

CONTRAINDICAÇÕES – Não massagear:

- Se o seu cachorro tiver febre ou temperatura acima de 38°C. Uma boa ideia é tentar saber com o seu veterinário qual é a temperatura normal do seu cachorro, uma vez que ela pode variar dependendo das raças. O normal costuma ser cerca de 37°C.

- Se o seu cachorro foi gravemente ferido e está em choque. Neste caso chame imediatamente o veterinário e não tente fazer uma massagem.

- Se o seu cachorro tem doença viral tal como cinomose ou gripe, especialmente nas fases agudas destas doenças.

- Se o seu cachorro tem problemas de pele de origem fúngica, tal como micose, doenças infecciosas, pneumonia ou doenças bacterianas da pele – a massagem pode piorar estas condições. Algumas doenças de pele podem ser transferidas do seu animal para você.

- Se o seu cachorro tem inflamação dos tecidos – ela pode ser agravada pela massagem.

- Se o seu cachorro tem diarreia devido a uma infecção.

- Se o seu animal apresentar um ferimento grave ou foi submetido a uma cirurgia recente – nestes casos aguarde 48 a 72 horas.

CONTRAINDICAÇÕES locais

- Tocar em áreas de tumores cancerosos ou quistos. Não está claro se a massagem pode difundir o crescimento dos tumores, por isso evitar a área é uma boa ideia.
- Colocar a mão em feridas abertas ou sangrando. Se a ferida é recente, necessita da atenção de um veterinário, caso contrário, evite a área de modo a permitir o processo de cicatrização sem provocar mais ferimentos ou agravar o existente.
- Traumas agudos tais como um músculo rasgado, um osso quebrado ou uma hemorragia interna.
- Áreas de entorse aguda ou inchaço. Todavia, a massagem ao redor dos músculos pode ser relaxante e facilitar a resposta de cura natural.
- Área abdominal de uma cadela prenha ou preste atenção aos sinais (se ela deseja ou não a massagem).
- Áreas de artrite aguda – esta é uma condição de inflamação das articulações que pode ser piorada ou agravada com a massagem. Evite massagear diretamente sobre os surtos agudos. Mas uma massagem leve é excelente para aliviar as dores e a rigidez quando a artrite atinge a fase crônica.

Ensine o seu cachorro a aceitar a MASSAGEM

*Ninguém aprecia tanto o gênio especial da sua conversa
como o seu cão.*
— CHRISTOPHER MORLEY

Saber relaxar é uma capacidade que se aprende e a massagem é uma excelente forma de ensinar, praticar e experimentar a resposta do relaxamento. Quanto mais praticamos, mais fácil é permanecer relaxado, mesmo perante situações de tensão. Em 1975, Herbert Benson escreveu um livro denominado *The Relaxation Response* (A Resposta do Relaxamento), onde comentou que a tensão contribui para os problemas de saúde e o relaxamento aumenta o nosso potencial de cura. O advento destas ideias chamou a atenção para o valor da meditação, yoga, técnicas de redução de estresse, medicina alternativa e massagem como formas de aliviar a tensão e aprender a relaxar e a experimentar mais saúde e bem-estar. Na ocasião, as ideias do Dr. Benson foram consideradas quase uma heresia científica. No ano 2000, este mesmo livro foi revisto e reimpresso e as suas visões aceitas como necessárias para o alívio dos níveis de tensão que experimentamos na vida diária.

É surpreendente saber que ainda existem pessoas que nunca receberam uma massagem e que não sabem como relaxar. Muitos pensam que relaxar é sentar-se diante da televisão. Em grande parte dos casos, ver TV é tudo menos uma experiência relaxante! Você já observou atentamente as pessoas que assistem a um evento esportivo? Como é possível relaxar assistindo aos Jogos Olímpicos ou a uma importante corrida de cavalos? Repare na forma como o corpo das pessoas fica rígido e como elas gritam e aplaudem! Estão relaxadas? Dificilmente! Até mesmo assistir ao noticiário na televisão pode ser uma experiência desgastante.

Como acontece com qualquer habilidade adquirida, aprender a relaxar enquanto somos tocados requer prática. Quanto mais praticamos melhores serão os resultados. Se for massageado por alguém que fala muito, você terá mais dificuldade em relaxar.

Quando começar a massagear o seu cachorro, pense que ele precisa de prática para aprender esta nova habilidade de relaxamento através do toque, da mesma forma que nós próprios necessitamos aprender a relaxar nas nossas primeiras massagens. Uma das melhores formas de começar este ensinamento é fazer da experiência algo diferente, longe de outra atividade, como assistir a um programa de televisão ou conversar com outra pessoa ao mesmo tempo.

Comece por preparar o ambiente. Isto dá o tom e envia a mensagem de que se trata de algo especial e diferente das interações diárias. Quando afagamos o nosso animal de estimação podemos estar envolvidos em outras atividades como ler, assistir televisão, conversar com amigos ou com a família. Acariciar o animal torna-se parte da atividade do momento. Mas quando fizer a massagem, desligue a TV, feche o livro e sente-se no chão ou no sofá para que a sua atenção esteja concentrada apenas no animal.

Em seguida, defina o tom. Apague as luzes e coloque uma música suave. Se lhe agradar, acenda algumas velas, especialmente se fizer a massagem à noite. Os cachorros respondem a pistas melhor do que nós. Basta caminhar em direção ao armário onde você guarda as guloseimas de cachorro para obter uma resposta imediata! Para a massagem, a música e uma iluminação mais suave criam um ambiente que diz: "Agora vamos fazer algo diferente com concentração e atenção". Depois de várias massagens, o seu cachorro irá reconhecer as pistas, o sistema nervoso dele vai começar a relaxar e a atenção estará focada na massagem. Os cachorros aprendem e adoram o fato de a massagem ser um momento especial onde ambos se concentram na mesma atividade.

Em terceiro lugar, a atitude é importante tanto para o ensino como para a aprendizagem. A sua atitude enquanto faz a massagem deve ser de concentração e entrega incondicionais. Aprecie os movimentos das suas mãos enquanto avança de técnica para técnica e concentre-se em cada área do corpo, observando quaisquer sinais do seu cachorro enquanto ele relaxa ou sente dor. Use um tom de voz calmo e proporcione muita tranquilização verbal ao animal. Tudo isso faz parte da experiência de aprendizagem. Se levantar a voz e der uma ordem, estará mudando o tom para algo que não tem a ver com a intenção da massagem.

Procure também, de forma consciente, criar mecanismos consistentes que desencadeiem o estado de ânimo, tanto para si como para o seu cachorro. O seu tom de voz é um deles. O que se pretende aqui é obter a resposta de relaxamento. Aquilo que o dono diz e a forma como diz irão provocar o relaxamento ou outra resposta qualquer. Tente esfregar um aroma relaxante nas mãos ou acender um incenso que não tenha odor forte.

Depois de você ter definido o estado de espírito e estiver relaxado, o seu cachorro também vai estar relaxado e você poderá demorar o tempo que for preciso para explorar e criar novas técnicas e rotinas. De início, poderá ter necessidade de encontrar posições confortáveis para si mesmo. Trabalhar com um cachorro muitas vezes pode significar estar sentado com ele no chão ou em posições novas. Vista roupas que não oponham resistência aos movimentos, como calças de moleton e camiseta, de modo a que possa mover-se de forma confortável e fácil. Quando se movimentar, e em geral terá necessidade de mudar de posição, faça-o lentamente para manter um estado de espírito relaxado. Com animais pequenos, geralmente é fácil fazer sentado no sofá ou numa cadeira. Com animais de grande porte, sentar no chão ou num banquinho baixo pode exigir algum tempo para se acostumar de modo a se manter relaxado. Mas após as primeiras massagens, todos se entregam à experiência do relaxamento.

EXERCÍCIOS

1. O que o ajuda a descontrair-se para usufruir dos maiores benefícios da massagem?
2. O que foi mais difícil para você durante a sua primeira massagem?
3. O que fez o seu massoterapeuta para o ajudar a relaxar?
4. Faça uma lista daquilo que, na sua opinião, ajudaria o seu cachorro a receber uma massagem.
5. Faça uma lista daquilo que, na sua opinião, não ajudaria o seu cachorro a receber uma massagem.

3
TÉCNICAS DE MASSAGEM: O PRESENTE QUE DAMOS AOS NOSSOS CACHORROS

O único amigo desinteressado que o homem pode ter neste mundo egoísta, aquele que nunca o abandona, que nunca será ingrato ou traiçoeiro, é o seu cão.
— GEORGE GRAHAM VEST

OS NOMES DAS TÉCNICAS DE MASSAGEM como as conhecemos atualmente apareceram pela primeira vez no século 19, em textos médicos europeus. Os nomes continuam praticamente os mesmos para formar massagistas de pessoas e de cachorros. Por questões de consistência, utilizaremos os termos atuais. Após a descrição de cada técnica, você terá a oportunidade de praticá-la acompanhando-a na seção de exercícios. Exercite cada técnica logo após ter lido a descrição. A prática das manobras vai aperfeiçoando o seu estilo e fazer você adquirir confiança.

Effleurage*

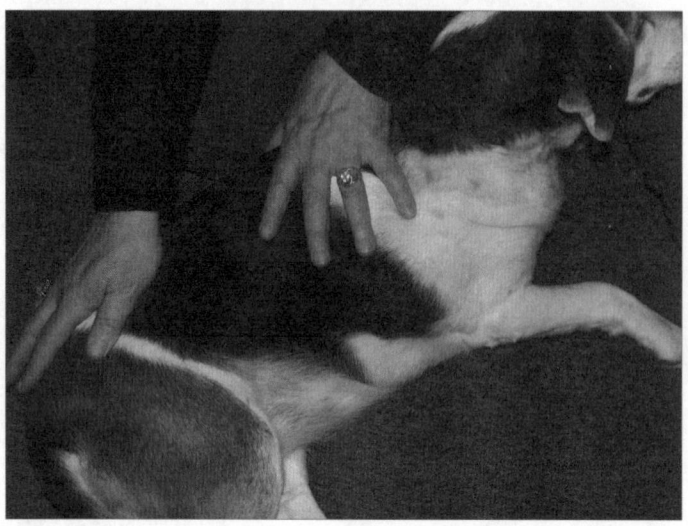

Manobra deslizante. Técnica determinada pela pressão, velocidade, direção e ritmo. Deve ser aplicada horizontalmente ao longo do comprimento do músculo ou parte do corpo. É a técnica mais utilizada em massagem e usada para iniciar a massagem depois de uma posição de repouso. Usa movimentos repetidos longos e amplos com aumento gradual de intensidade e pressão. O terapeuta utiliza esta técnica quando massageia toda a extensão das costas, perna ou braço. Este processo aquece a área a ser trabalhada e prepara o tecido para manipulações ou manobras mais específicas e concentradas. Facilita a drenagem linfática quando a pressão é leve ou moderada e os movimentos de deslize curtos e repetidos com os dedos apontando na direção do coração.

É feita com a mão, os dedos ou os polegares e costuma ser usada para fazer a transição de uma parte do corpo para outra. Quando é feita rápido facilita a circulação e é muito estimulante. Quando é feita devagar, é muito calmante.

---

* Palavra de origem francesa que significa "roçar" ou "tocar de leve".

EXERCÍCIOS

1. Aplique os movimentos ao longo do dorso do seu cachorro, posicionando uma mão em cada lado da espinha dorsal do animal. Comece lentamente para sentir a parte do corpo que está trabalhando. Perceba a suavidade do tecido muscular. Repita a manobra várias vezes usando diferentes partes das mãos. Descreva o que o seu cachorro sentiu.

2. Experimente a mesma técnica no seu braço ou perna. Comece no pulso ou no tornozelo e explore o tecido muscular. Sinta a localização dos ossos, a forma dos músculos e as partes do corpo. Repita esta manobra várias vezes. Use uma pressão diferente ou uma parte diferente da mão de cada vez. Quando realizar esta técnica, utilize um pouco de óleo ou loção para que a sua mão deslize mais facilmente. Como se sente?

Pétrissage (amassar)

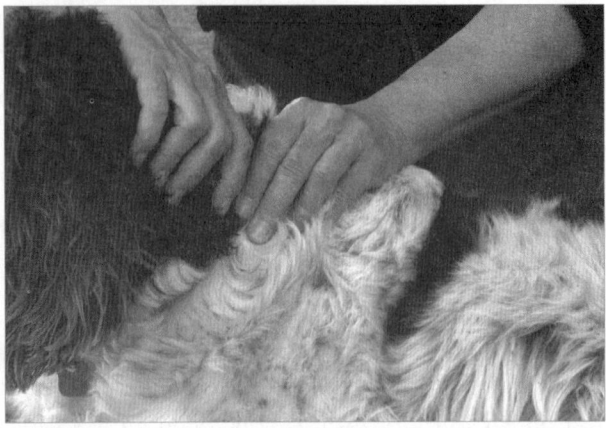

Trabalha o tecido mole, levantando, rolando e apertando. Deve ser realizada no músculo no sentido vertical, e não no horizontal. Esta técnica reduz a tensão muscular através do seu efeito nos proprioceptores das células fusiformes do abdômen e do centro do músculo. A ação de amassar faz com que o músculo fique menos tenso. Na realidade esta técnica é enganosa uma vez que sua ação de apertar ou levantar aumenta temporariamente a tensão. No entanto, esse movimento induz, posteriormente, o músculo a relaxar.

Amassar suaviza mecanicamente a fáscia superficial, bainha que envolve o tecido muscular. Quando a fáscia amolece é criado um espaço em redor das fibras musculares e essa área fica mais flexível. O movimento ritmado aquece o tecido muscular e ativa a circulação e a troca de fluidos.

EXERCÍCIOS

1. Amasse o pescoço ou o dorso do seu cachorro. Imagine que está amassando massa de pão com a intenção de torná-la mais homogênia. Procure realizar movimentos ritmados, macios e fluidos. Seja cauteloso enquanto as suas mãos aprendem a técnica, a prática lhe dará conforto para aprofundá-la. Descreva a sua experiência.

2. Repita o exercício anterior no seu próprio pescoço. Aplique um pouco de óleo ou loção na área, isto torna a manobra mais fácil e menos dolorosa. Lembre-se de manter a manobra simples, lenta e ritmada. Descreva o que sente.

Rolamento de pele

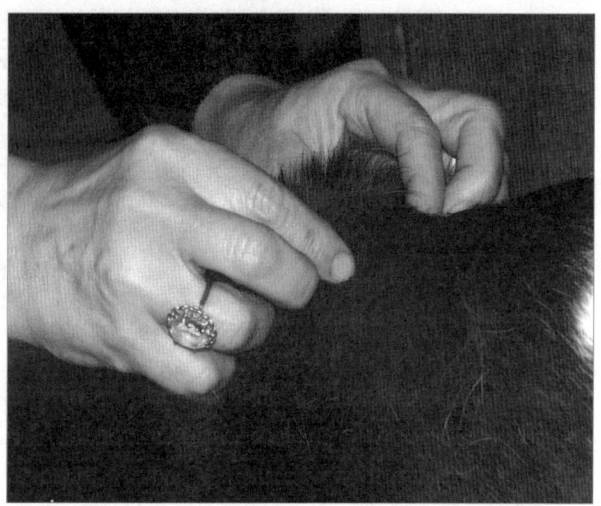

Forma de amassar que envolve levantar a pele. Tem um excelente efeito de aquecimento e amaciamento da fáscia superficial. Embora o movimento possa parecer um tanto intenso, o resultado é incrivelmente agradável e relaxante. A maioria dos cachorros adora esta técnica quando ela é aplicada ao longo do dorso ou em ambos os lados da coluna vertebral.

O rolamento de pele é também uma excelente ferramenta de avaliação. Quando aplicar esta manobra no seu cachorro, a pele deve rolar facilmente sob os seus dedos. Se sentir a pele "presa" isso significa que pode haver um problema subjacente que necessita de atenção e de uma visita ao veterinário.

Para realizar este movimento deve levantar uma parte da pele entre os polegares e os dois primeiros dedos (indicador e médio). Os polegares convertem-se em âncora, enquanto os dois primeiros dedos vão se arrastando para a frente. Puxe mais pele em direção aos polegares à medida que eles rolam lentamente pela parte do corpo que está sendo trabalhada.

EXERCÍCIOS

1. Comece este exercício na base do pescoço do cachorro com as mãos próximas uma da outra. Erga uma porção da pele entre os dedos e os polegares. Avance com os dedos enquanto os polegares fazem rolar a parte de trás da pele levantada. A pele deve levantar facilmente, se isso não acontecer o seu cachorro vai dar sinal. Repita esta manobra várias vezes ao longo do dorso. Qual foi a reação do seu cachorro?

2. Experimente esta técnica na sua coxa. Não será tão fácil levantar a sua pele como a do seu cachorro e a sensação é um pouco intensa no início. Descreva a sua experiência.

Compressão

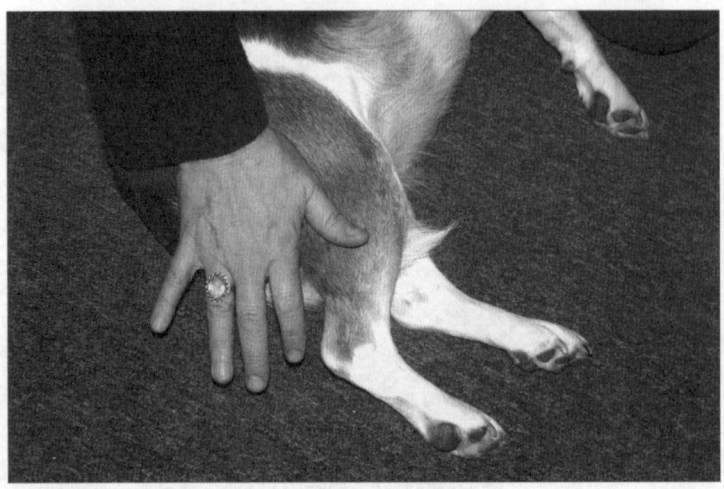

Pressão do tecido muscular em direção à parte óssea que se encontra sob o músculo. É o método mais usado no Shiatsu e em outras práticas corporais orientais. Compressão é um movimento descendente realizado no tecido mole. Quanto maior é a compressão, mais firmemente o tecido é pressionado contra o osso subjacente.

A compressão pode ser realizada com a ponta dos polegares, pontas dos dedos, nós dos dedos, palmas das mãos, punhos, antebraços e cotovelos. A utilização dos polegares ou de outras partes do corpo depende do tamanho do seu cachorro e do local onde você vai aplicar esta técnica. Nos cachorros ela é utilizada, na maior parte das vezes, no quadril e nas patas traseiras, onde a massa muscular é mais densa e onde existem mais pontos-gatilho a liberar.

A compressão estimula os músculos e o sistema nervoso. Comprimir um músculo provoca, de forma passiva, uma contração nas fibras musculares. Embora esta técnica pareça pouco sugestiva numa massagem para relaxar, o resultado combina relaxamento, libertação e leveza.

EXERCÍCIOS

1. Descanse a palma da mão na coxa ou no quadril do seu cachorro. Lentamente, explore a área a ser massageada para sentir como ele reage à compressão. Pressione a área com a palma da mão, faça uma pausa e mantenha a compressão enquanto inspira e expira longa e pausadamente algumas vezes. À medida que você relaxa, o músculo sob a sua mão também irá relaxar. Pratique o exercício num dos lados da extremidade traseira do animal e depois no outro. Consegue sentir o músculo relaxar?

2. Pratique na sua coxa. Não há necessidade de remover a roupa ou usar óleo. Quando comprimir a sua coxa, certifique-se de que está comprimindo tecidos moles ou músculo e não apenas áreas ósseas. A compressão de áreas ósseas é bastante desconfortável. É importante usar movimentos lentos e quando tiver comprimido o máximo que puder, pare e mantenha essa compressão durante 4-6 respirações lentas. Este período permite que o cérebro estimule o músculo a relaxar. Descreva a sensação de compressão.

Vibração

Esta técnica combina compressão e tremor. Todas as vibrações são desencadeadas por movimentos de compressão. A compressão do músculo gera uma sensação de tremor que propaga o movimento ao tecido circundante, relaxando e libertando a tensão. Deve ser utilizada por curtos períodos. O movimento de vibração pode ser feito após manobras de compressão, especialmente se o músculo necessitar de relaxamento adicional.

A vibração reativa o músculo estimulando a atividade nervosa – ela confunde a perceção de dor sentida pelo músculo e a substitui por uma sensação de relaxamento.

EXERCÍCIOS

1. Inicie esta técnica com um movimento de compressão na área mais espessa da coxa ou do quadril do cachorro. Pressione lentamente e aguarde. Enquanto espera, estremeça a sua mão. Solte e tente novamente no outro lado. Qual foi a reação do cachorro?

2. Pratique na sua coxa começando com um movimento de compressão. Mantenha brevemente a compressão e, em seguida, estremeça a sua mão. Imagine que está enganando o músculo para que ele relaxe! O que sentiu?

Agitar

Trabalha grupos musculares e utiliza a confusão para obrigar os músculos a relaxarem naturalmente. É usada para aquecer e preparar o corpo para um trabalho mais profundo.

Use toda a sua mão num movimento de vibração, isto é particularmente eficaz quando os músculos parecem estar rígidos e com dificuldade de relaxar.

EXERCÍCIOS

1. Aplique esta técnica na coxa ou na espádua do seu cachorro. Pratique em um lado e depois no outro para aquecer uma área do corpo e prepará-lo para uma massagem mais profunda. Torne esta massagem divertida e leve. Como o seu cachorro reagiu?

2. Agora você. Agite o músculo que atravessa o topo do seu ombro; esta área muscular encontra-se frequentemente tensa nos seres humanos e alguns minutos de agitação é muitas vezes suficiente para libertar a tensão. Como se sentiu?

Tapotement* (percussão)

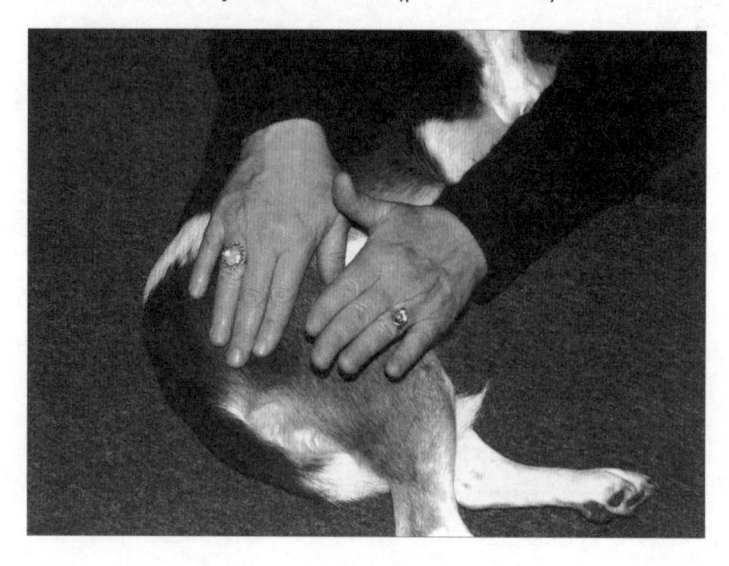

Esta técnica utiliza um movimento elástico com golpes no corpo de forma rápida, usando os lados ou as palmas das mãos em forma de concha. Os cachorros grandes parecem apreciar este movimento mais do que os pequenos. Alguns cachorros não gostam desta técnica porque se sentem incomodados. É uma técnica muito estimulante que aumenta a atividade simpática do sistema nervoso autônomo.

Funciona melhor quando é realizada em grandes grupos musculares como as coxas.

EXERCÍCIOS

1. Aplique esta técnica na coxa ou espádua do seu cachorro. Se ele não gostar irá mostrar. Como ele reagiu?

2. Experimente o *tapotement* na sua própria coxa. Como se sentiu?

---

* Palavra de origem francesa que deriva do verbo *tapoter*: significa bater, tamborilar, dar pancadinhas.

Fricção

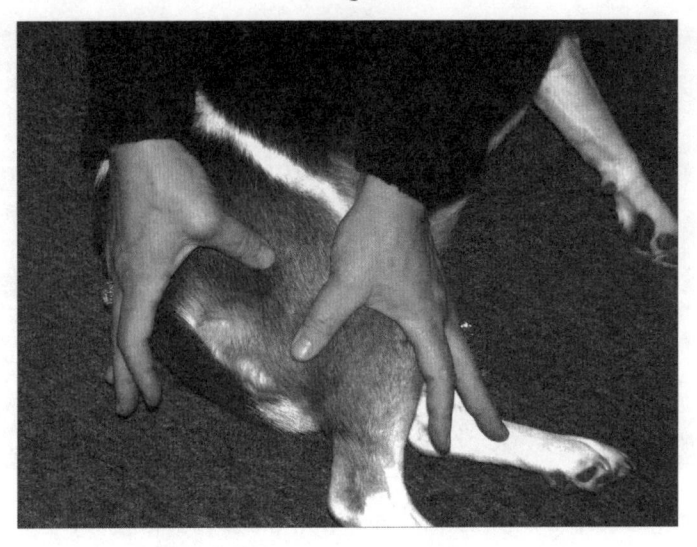

Série de movimentos curtos e profundos numa área específica, ou de movimentos curtos que se movem gradualmente ao longo de uma parte do corpo. É aplicada ao longo da fibra muscular. Use os polegares alternando movimentos para a frente e para trás. A fricção pode evitar e desfazer aderências locais ou tecido cicatricial. Esta técnica nunca deve ser realizada numa lesão recente.

A fricção reduz a dor numa área através da sua ação de aquecimento, provocando uma contra irritação nessa área. Isto cria um efeito analgésico natural no músculo que resulta em relaxamento.

Em áreas do corpo onde existem grandes concentrações de tecido muscular, tal como nos ombros e nas coxas, a fricção ajuda a manter o tecido macio e flexível. Isto é especialmente útil em cachorros ativos, como aqueles que fazem treino de agilidade.

EXERCÍCIOS

1. Alterne os polegares com movimentos curtos na área do quadril e da coxa do seu cachorro. Comece de forma suave e vá aprofundando aos poucos, à medida que o seu cachorro vai relaxando. Tente no outro quadril ou coxa. Como o seu cachorro reagiu?

2. Pratique a fricção no seu antebraço (abaixo do cotovelo). Estes músculos ficam tensos devido às atividades diárias. Como se sente?

Torcer

Esta técnica é aplicada nos membros dianteiros e traseiros. O movimento é realizado com as duas mãos e parecido com espremer uma toalha molhada. Utilize as mãos num animal de grande porte e as pontas dos dedos num cachorro pequeno. Comece na parte superior do membro e torça as mãos com movimentos alternados à medida que avança pelo membro. É um movimento utilizado para preparar uma área que necessita de uma técnica mais profunda.

EXERCÍCIOS

1. Coloque as mãos abaixo do seu joelho. Inicie o movimento de torcer desde essa área até à área do tornozelo. Assim que se sentir confortável com o movimento torne-o mais firme para poder sentir o calor que é gerado, sem sentir desconforto. Como se sente?

2. Agora tente o mesmo movimento no seu cachorro. Coloque as mãos ou as pontas dos dedos na parte superior do membro dianteiro junto da espádua. Comece a torcer levemente as mãos a partir dessa área e vá descendo pelo membro em direção à pata. Pode ser necessário fazer várias tentativas até se sentir confortável, quando isso acontecer, torne o movimento mais firme. Preste atenção aos sinais do animal para ter certeza que o movimento não provoca desconforto. Como o seu cachorro reage?

Balançar

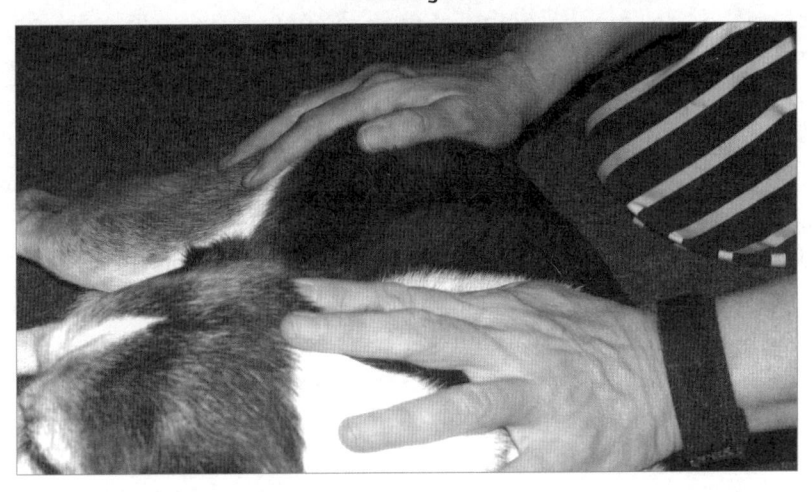

Movimento calmante e rítmico realizado com a intenção de acalmar, muito semelhante ao de embalar um bebê. É realizado de um lado para o outro, ou para cima e para baixo. É tranquilo e agradável, um simples e leve ir e vir.

Quando realizar este movimento use as mãos abertas e comece lentamente. Relaxe quando iniciar o balanço. Quanto mais relaxar mais depressa você e o seu cachorro irão encontrar um ritmo natural juntos. Alguns ritmos são rápidos, outros lentos e cada pessoa tem o seu. Você precisa encontrar aquele que funciona com você.

Balançar é uma excelente forma de terminar uma massagem. Ambos os movimentos, de balançar e ser balançado, permitem-nos entrar no nosso próprio ritmo de relaxamento e calma profunda.

EXERCÍCIOS

1. Pouse a mão de um lado do quadril do seu cachorro e relaxe. Respire fundo e permita que o movimento encontre o ritmo do momento. Não use esforço nesta técnica. Como o seu cachorro reage?

2. Posicione a mão no seu abdômen e comece a balançar. Inspire fundo e permita que o movimento o conduza a um ritmo natural. O ritmo difunde-se do centro até à cabeça e desce até os dedos dos pés. Como se sente?

Descrevemos as dez manobras de massagem básicas. Existe também a imposição de mãos, embora tecnicamente não seja considerada uma manobra. A imposição de mãos é uma pausa relaxante, calmante e curativa que se realiza apoiando ou repousando as mãos sobre uma parte do corpo. É possível fazer a imposição de mãos sobre uma lesão, uma articulação com artrite, para acalmar um cachorro ansioso ou para terminar energeticamente uma sessão de massagem, com uma pausa antes de retirar as mãos do corpo do animal. A imposição de mãos é uma parte tranquila e natural de muitas sessões de massagem.

Com a ajuda deste guia você pode começar a explorar as suas próprias variações das técnicas apresentadas que sejam apropriadas para você e o seu cachorro. Pratique-as regularmente para que suas mãos se acostumem a sentir o formato do corpo do animal. À medida que vai se familiarizando com estas técnicas, você vai reparar que algumas parecem seguir outras. Explore a forma como elas se encaixam na sua opinião. Com o tempo será capaz de reuni-las numa rotina que poderá usar regularmente até que a sua própria rotina assuma o controle — e aí terá criado a sua própria massagem. Até lá, aproveite a prática, a aprendizagem e observe como cresce a ligação entre você e o seu cachorro!

NOTAS

4
ANATOMIA CANINA – SÍNTESE

O osso da cabeça está ligado ao osso da cauda.
— Anônimo

Visão geral da anatomia canina

A ANATOMIA É UMA PARTE INTEGRANTE DA MASSAGEM. Enquanto você apenas cuida do seu cachorro, a aprendizagem dos nomes dos músculos não é importante, todavia, para massagear adequadamente o animal, é importante ter algumas noções básicas da nomenclatura.

Embora os profissionais de cachorros tenham uma excelente formação em anatomia, o dono conhece bem o seu animal sem rótulos científicos. Um conhecimento básico de anatomia permite-lhe efetuar uma massagem mais eficaz no seu companheiro canino e detectar precocemente problemas articulares e musculares comuns. Além disso, a compreensão da anatomia permite uma melhor comunicação com o seu veterinário.

A anatomia, músculos, tendões e ligamentos humanos foram estudados muito antes da anatomia canina. Por isso, muitos músculos do cachorro receberam os mesmos nomes que os músculos homólogos humanos. Curiosamente, as fibras musculares de um cachorro seguem a mesma direção do pelo. Isto pode ser útil quando se determina o sentido e a pressão da técnica escolhida.

Repare na curvatura causada pela artrite

Além de aprender anatomia, compreender a conformação ou a estrutura do seu cachorro é importante. A postura ou o modo de estar de um cachorro podem variar com a raça e interferir na criação de tensão muscular. Estas áreas de tensão podem provocar pontos-gatilho, que se convertem em pontos focais para a massagem. Da mesma forma, uma estrutura fraca ou um problema físico, como a artrite, podem causar variações ligeiras ou óbvias da postura. Por exemplo, o membro dianteiro de um labrador não é igual ao de um buldogue. No entanto, um cão envelhecido pode ter uma curvatura no cotovelo devido a uma artrite. Neste caso, os membros dianteiros e o pescoço seriam foco de massagem.

Vamos fazer referência a alguns pontos antes de entrarmos na anatomia propriamente dita. Em primeiro lugar, as patas dianteiras de um cachorro são equivalentes aos nossos braços, com a diferença visível de que os cachorros utilizam as patas dianteiras para sustentação do peso. As patas dianteiras são utilizadas principalmente para o equilíbrio e a coordenação e suportam cerca de 60% do peso do animal. A exceção encontra-se em cachorros de pernas curtas, como os *Corgis* ou os *Basset Hounds*, que suportam cerca de 80% do seu peso sobre os membros dianteiros. Como resultado do peso crescente nestes membros, problemas podem ocorrer no pescoço, ombros, cotovelos, pulsos ou nas articulações dos "dedos" (dígitos). Os veterinários referem-se a estas raças de pernas curtas como condrodisplásicos. Os cachorros condrodisplásicos foram criados como cachorros mais altos e mais proporcionados, mas tinham um gene anão. Os criadores começaram a criar exclusivamente o anão, ou uma versão mais baixa do cachorro alto. Isto veio permitir a capacidade de caçar animais que se escondem em tocas ou de mordiscar os calcanhares do rebanho durante o pastoreio!

Em segundo lugar, os membros traseiros são equivalentes às nossas pernas e são principalmente utilizados para a propulsão em frente. Os membros traseiros suportam 40% do peso do cachorro. Os componentes anatômicos ou partes do membro traseiro de um cachorro são semelhantes aos das nossas pernas, mas têm diferenças funcionais. Pense na posição de um cachorro que está em pé nas quatro patas. A postura e o movimento de um cachorro são semelhantes à posição de um corredor no ponto de partida. Ao visualizarmos a posição de um corredor num ponto de partida, verificamos que os braços estão estabilizados sobre os dedos das mãos e as pernas estão apoiadas nos dedos dos pés. Esta posição permite-lhe uma melhor propulsão no arranque. A postura do cachorro é similar. Todavia, o cachorro caminha e move-se sempre nesta posição, que proporciona uma excelente propulsão traseira, permitindo em simultâneo um equilíbrio e uma estabilidade máximos nos membros dianteiros.

A evolução possibilitou que os cachorros se movessem naturalmente desta forma, enquanto as pessoas não conseguem mover-se nem naturalmente nem confortavelmente nesta posição.

EXERCÍCIOS

Não faça estes exercícios se tiver problemas ortopédicos ou neurológicos.

1. Tente colocar-se na posição do corredor como indicado na imagem anterior, de modo a ficar sobre os dedos das mãos e dos pés. Mantenha a cabeça levantada e o bumbum para baixo. Sente mais peso nos braços ou nas pernas?
2. O que sente no pescoço e nas costas?
3. Procure andar nesta posição. O que aconteceria se você levantasse ambos os braços do chão?
4. Coloque-se nesta posição no fundo de uma escada. Consegue subir as escadas? Se conseguiu, descreva a experiência. Caso contrário, por que não conseguiu?
5. Fique no topo das escadas na mesma posição e pense num cachorrinho, num animal idoso ou com visão debilitada descendo essas escadas. Pense nos problemas que teriam ao tentar fazê-lo. **Não tente descer as escadas nesta posição.**

Quando é bem treinado, um homem pode ser o melhor amigo do cão.
— COREY FORD

Visão geral: Cabeça, cara, orelhas e pescoço

A cabeça e a cara de um cachorro estão quase sempre em movimento. Os olhos arregalam-se, suavizam-se, fixam um ponto ou voltam-se de um lado para o outro. As orelhas movem-se quando um cachorro está repousando ou tentando sintonizar sons distantes ou próximos. A cabeça inclina-se para o lado como que tentando compreender novas visões e sons. O nariz está constantemente empenhado porque o cachorro fareja e detecta o mundo em seu redor. O sentido do olfato de um cachorro é dois milhões de vezes mais apurado que o nosso. Eles têm 220 milhões de células olfativas e os humanos, apenas cinco milhões. O lábio pode encrespar-se numa rosnadela de aviso ou estar agradavelmente relaxado.

Os cachorros carregam muita expressão e tensão na cara. Acreditamos que eles mordem para libertar muita tensão acumulada. Isto pode ser visto no cachorro que morde uma vez e se afasta como se nada tivesse acontecido.

Cabeça e cara

Embora pensemos que a cabeça e a cara são constituídas principalmente por osso, existem muitos músculos subjacentes nesta área. Estes músculos são muitas vezes esquecidos durante a massagem canina, mas são componentes importantes para um relaxamento total.

Um cachorro relaxado aprecia uma massagem que começa ao longo da fronte e segue pela base da orelha em direção aos lábios, boca, cara e queixo. Esteja atento aos grandes e pequenos músculos da cara e dos lábios. O toque deve ser leve, em círculos pequenos e em longos movimentos suaves. Lembre-se, quando acariciar o nariz em direção ao lábio, este pode encrespar. Isto é apenas um reflexo neurológico normal, não significa que o animal esteja rosnando.

Cães ansiosos podem preferir que a massagem comece no pescoço ou por baixo do queixo, seguindo pelas orelhas, cara e boca (só quando estiver relaxado).

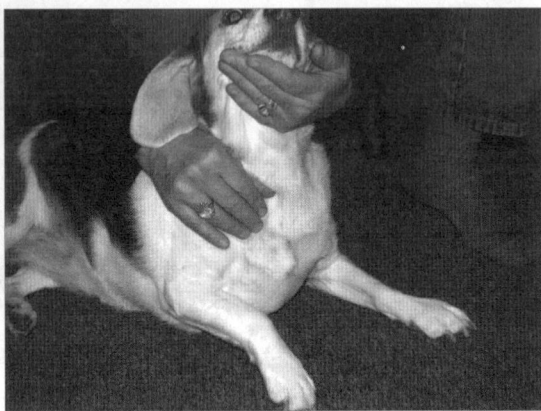

Orelhas

Há muitos tipos diferentes de orelhas. Veja qual destes se assemelha ao tipo de orelhas do seu cachorro.

Quando massagear, esteja sempre atento a qualquer odor ou tecido flácido perto da orelha. Isto pode ser um sinal de infeção e deve ter a atenção imediata de um veterinário.

A massagem que se faz nas orelhas de um cachorro é uma das mais calmantes e relaxantes. Consta que acariciar as orelhas pode evitar o choque associado a lesões traumáticas e acidentes. Comece com círculos muito pequenos na base da orelha, onde a orelha se une à cabeça. Massageie com movimentos circulares em redor da base da orelha. Em seguida, execute movimentos leves e suaves com o polegar e indicador desde a base até a ponta da orelha. Sinta a cartilagem mole entre os dedos e repita este movimento várias vezes.

Pescoço

O pescoço é composto por muitos músculos pequenos e grandes. O pescoço trabalha constantemente para ajudar a equilibrar a cabeça e o corpo. O pescoço também ajusta o equilíbrio do corpo durante as alterações no andamento.

O pescoço flete-se e distende-se quando um cachorro corre ou faz qualquer movimento. Inclina-se totalmente quando ele mordisca ou mastiga qualquer irritação nas costelas ou na cauda. Quando um cachorro coxeia, a cabeça pende, erguendo-se quando existe uma lesão no membro dianteiro e baixando quando a lesão é no membro posterior.

A cabeça e o pescoço trabalham continuamente contra a gravidade e ajustam o equilíbrio. Há um grande ligamento no pescoço que age como um cabo para ajudar a suportar o pescoço. Denomina-se ligamento nucal e faz a ligação da base do crânio até à área da omoplata. Os grandes músculos superficiais do pescoço incluem o trapézio. Nos seres humanos,

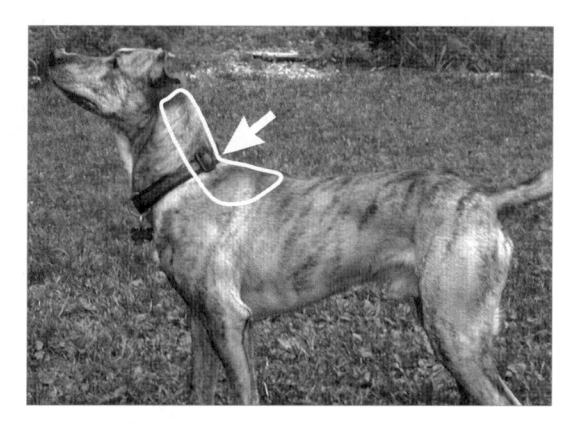

Trapésio. A seta aponta para a área das "lombas".

este é o mesmo músculo que provoca espasmos e nós quando trabalhamos tempo de mais no computador. No cachorro, o trapézio cobre toda a área do pescoço até às omoplatas. Se apalpar a base do pescoço, esse músculo assemelha-se a duas pequenas "lombas" paralelas. Ligados aos músculos do pescoço, na parte adiante, estão os músculos do tórax (peitorais) e os músculos das patas dianteiras.

Visão geral: Patas dianteiras, escápula, úmero, antebraço, tórax, braço, pulso e dedos

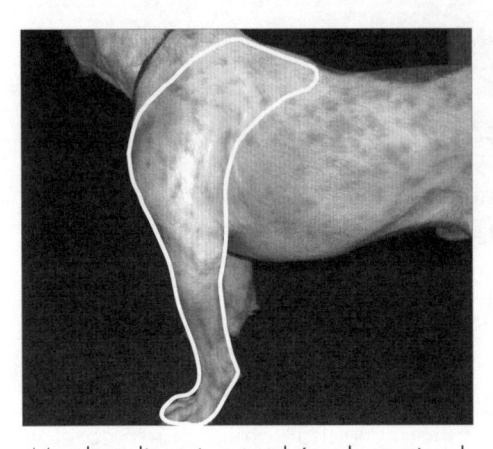

Membro dianteiro, também denominado membro torácico, abrange as áreas da escápula até à ponta da pata.

Os membros dianteiros são, por vezes, denominados membros torácicos. O membro dianteiro ou membro torácico abrange todas as áreas, desde a omoplata (escápula) até à ponta da pata dianteira. Conforme mencionado anteriormente, as patas dianteiras são anatomicamente semelhantes ao braço humano. Todavia, devido aos cachorros suportarem o peso do corpo sobre os membros dianteiros, existem algumas diferenças notáveis.

Em geral, os ossos do membro dianteiro (braço) de um cachorro são proporcionalmente menores do que os ossos do braço de um ser humano. A articulação do ombro e a clavícula também são muito menores num cachorro. A clavícula encontra-se fixa principalmente por músculos e não tem nenhuma ligação óssea. Isto permite que o pescoço, a cabeça e os membros dianteiros trabalhem em conjunto e simultaneamente, com uma potência máxima.

Na massagem, os grandes músculos do ombro e do tórax dão-se bem com movimentos profundos e intensos, enquanto os músculos mais finos da parte inferior do braço preferem movimentos curtos, rápidos e leves devido à sua natureza superficial. Evite massagear os ossos da omoplata (escápula) e braço, mas massageie os músculos que cobrem e envolvem estes ossos.

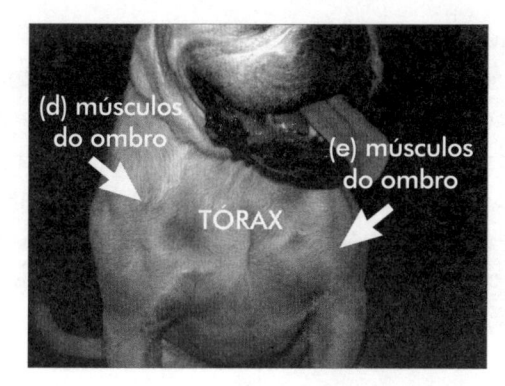

(d) direito
(e) esquerdo

EXERCÍCIOS

1. Com o seu cachorro deitado, passe a mão, de leve, do ombro até ao membro dianteiro. Onde está o osso e o músculo?

2. Consegue sentir a diferença entre os grandes músculos da omoplata e os músculos finos da parte inferior do membro?

Escápula ou omoplata

A escápula também é conhecida como omoplata, ou talvez, em criança, sua avó lhes chamasse "asas de anjo"! O leitor que tiver contato com cavalos pode conhecer esta área como cernelha.

A escápula tem alguma mobilidade e uma grande crista no centro denominada "coluna vertebral". A crista (coluna) separa e contém músculos mais profundos que ajudam a

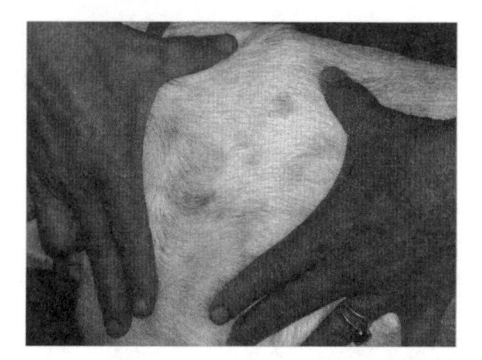

As mãos rodeiam a área da escápula.

mover as patas dianteiras para a frente e para trás. A escápula e os seus músculos profundos estão cobertos pelo grande músculo trapézio, um dos músculos maiores que também se estende pelo pescoço. Este músculo é fácil de sentir nos cachorros e nas pessoas porque se encontra imediatamente abaixo da pele. Embora as extremidades e as margens da escápula possam ser sentidas, a crista (coluna) da escápula não pode ser sentida devido ao grande músculo trapézio que se encontra por cima, e aos grandes músculos que se encontram por baixo. No entanto, caso os músculos tenham encolhido (atrofiado) a crista ficará protuberante.

As margens da escápula que podem ser sentidas estão no topo, à frente e atrás. Não massageie o osso da escápula. Em vez disso, massageie o músculo que se encontra no topo da escápula e adjacente a estas margens ósseas. Grandes áreas musculares podem ser massageadas com firmeza. Podem ser utilizados movimentos circulares curtos ou longos nas margens de limitam a escápula.

EXERCÍCIOS
Escápula

1. Com o cachorro deitado, deslize os seus dedos por toda a margem da escápula para determinar as áreas ósseas e as musculares. Sinta as margens do topo, frontais e traseiras da escápula. Repare onde termina o osso e começa o músculo.

2. Sinta o grande músculo sobre o meio da escápula. Existem nós ou áreas de tensão? Se existirem, descreva-os.

3. Pressione suavemente as margens do topo, da frente e da parte de trás da escápula. Ficou surpreendido com a quantidade de mobilidade que existe em cada uma dessas áreas?

Osso umeral

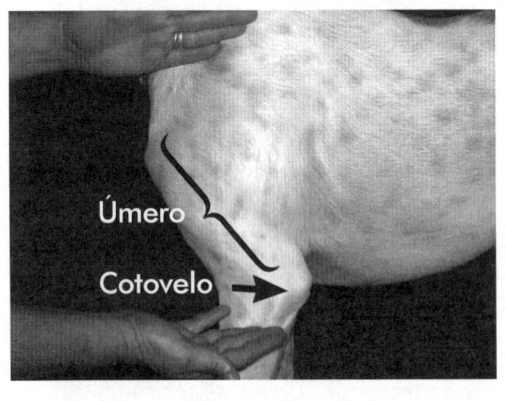

O osso do braço é conhecido como úmero ou osso umeral e muitos dos grandes músculos do ombro ligam-se a este osso. O braço é também constituído por músculos do ombro que permitem o membro dianteiro mover-se para a frente e para trás, bem como alguns movimentos de aproximação e afastamento do corpo. Um cachorro tem músculos grandes e fáceis de sentir no ombro por suportar o peso do corpo nas patas dianteiras. O tamanho deste músculo varia de acordo com a raça do cachorro. Por exemplo, um Terra Nova, que foi criado para puxar carroças, terá naturalmente um músculo do ombro maior do que um *Whippet*, que foi criado para corridas de alta velocidade.

Nesta área, os músculos que se sentem sob a pele do cachorro incluem uma porção do trapézio, o deltoide, os bíceps e os tríceps. Os tríceps são o grupo muscular que se encontra na parte de trás do braço e que fica dolorido quando executamos uma atividade repetitiva que requer manter o braço esticado para trás numa posição estendida. Em cachorros de ombros largos e pelo curto, o tríceps é um músculo muito grande. Isto acontece porque existem quatro "cabeças" de músculo que originam um grupo muscular.

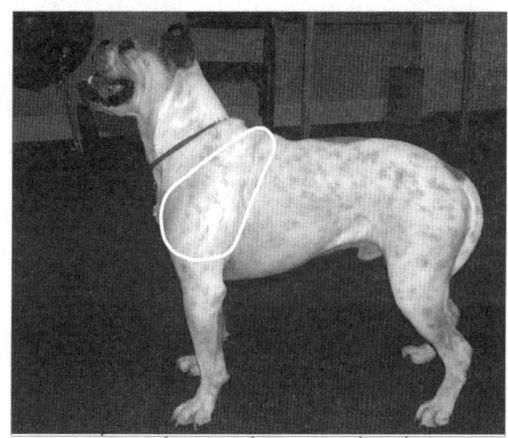

Área de grandes músculos da espádua (ombro)

Existem muitos outros músculos profundos que se encontram sob os músculos superficiais. Estes não podem ser sentidos, mas a massagem beneficia todas as camadas musculares.

Os grandes músculos do ombro podem ser relaxados com movimentos mais profundos e intensos que não devem ser efetuados sobre outros grupos musculares. Desta forma, a técnica de amassar profundamente, o *tapotement* e os movimentos longos são bem tolerados e apreciados.

Tórax

Os músculos do tórax repousam sobre o osso do tórax (esterno), na parte de baixo do cachorro, desde a porção inferior do pescoço até à área entre os membros dianteiros. Estes grandes músculos incluem os músculos peitorais. Uma porção destes liga-se às costelas e ao esterno.

Os músculos peitorais mantêm os ombros alinhados com o corpo

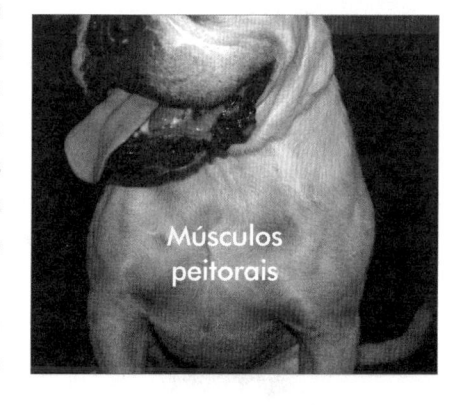

Músculos peitorais

durante a sustentação do peso. Alongam e fletem os ombros e ajudam a deslocar o tronco para a frente quando o cachorro está em movimento.

Os músculos peitorais e o tórax se reúnem em uma área que os cachorros consideram relaxante e reconfortante quando são massageados. Os grandes músculos peitorais toleram massagens profundas, mas manobras suaves também são bastante apreciadas!

EXERCÍCIOS
Úmero, braço e tórax

1. Apalpe a área do braço do seu cachorro. Consegue sentir o úmero?
2. Em que diferem os músculos do braço (à vista e em apalpação) do antebraço?
3. Consegue sentir o ponto em que o úmero se une à escápula? Agora mova suavemente a pata para a frente e para trás. Consegue sentir o movimento da articulação?
4. Enquanto o cachorro está de pé e o membro dianteiro está esticado, mova-o suave e lentamente desde o ombro em todas as direções. Explore este movimento e sinta o ombro enquanto move o membro. Está surpreendido com a quantidade de direções que o membro dianteiro pode tomar a partir do ombro?
5. No tórax, qual é o padrão do pelo e em que direção cai/cresce? Em que é que isto difere do braço? O que pode isto lhe dizer sobre a direção das fibras musculares?

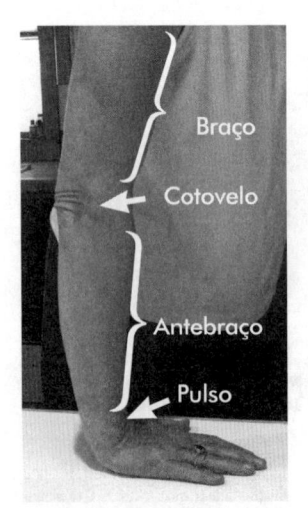

Antebraço

Os dois ossos do antebraço são o rádio e o cúbito. No término do úmero, o topo do osso radial e do cúbito unem-se para formar o cotovelo. Por haver necessidade de os membros dianteiros proporcionarem estabilidade e suportarem o peso do corpo, o cotovelo do cachorro é diferente do cotovelo humano. O cotovelo do cachorro é mais proeminente, pois permite mais ligações musculares. Por o cachorro sustentar 60% ou mais do seu peso sobre os membros dianteiros, o cotovelo está mais sujeito a artrite e lesões do que nos seres humanos.

No cachorro, o rádio é o osso principal para o suporte de peso. Por este motivo, o rádio apresenta margens mais distintas, que o unem aos ossos do pulso, do que nos humanos. O cúbito localiza-se um pouco atrás do rádio e é mais fino. O cúbito é o osso mais longo do corpo do cachorro.

Existem muitos músculos que fletem o membro dianteiro e estão localizados principalmente na parte de trás do antebraço adjacentes ao cúbito. Os músculos que se estendem e fazem girar o antebraço estão localizados principalmente na parte da frente do antebraço adjacente ao rádio.

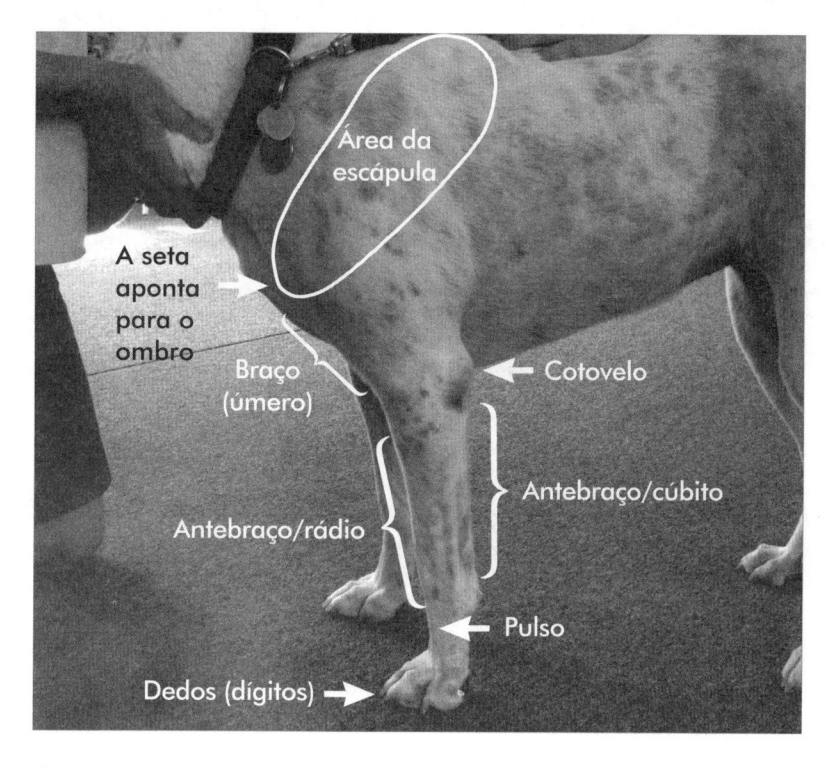

Os vários músculos existentes no antebraço são mais pequenos e mais finos do que os do ombro e apreciam manobras de massagem mais leves. Os movimentos nesta área podem ser longos ou curtos, mas evite o desconforto aplicando uma pressão leve sobre qualquer das áreas ósseas que se encontram sob o músculo.

Pulso (carpo, ranilha)

O rádio e o cúbito unem-se para formar os ossos do pulso. Esta área nos cachorros é referida como o carpo, articulação carpal. Os cachorros têm sete ossos no pulso, enquanto os seres humanos têm oito. No entanto, os cachorros têm os mesmos cinco ossos do carpo ou da mão, tal como os seres humanos. Um cachorro tem uma almofada acessória na parte de trás do carpo (pulso). Esta almofada ajuda a proteger o pulso através da absorção de forças concussionárias quando o cachorro salta, corre e executa viragens rápidas. O carpo (pulso) e os ossos do carpo (a mão) estão cobertos por músculos finos que proporcionam movimento.

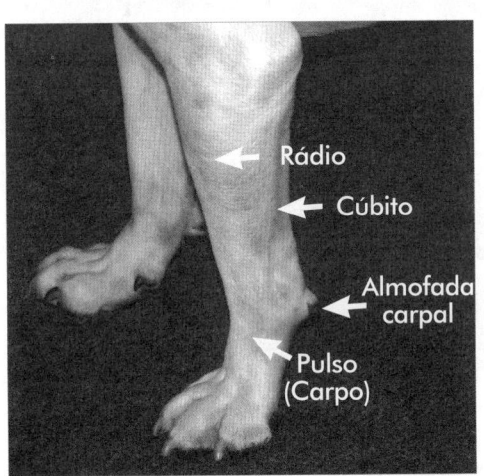

A massagem no carpo deve ser leve para evitar compressão dos ossos e das estruturas subjacentes. Gire e estenda delicadamente o pulso enquanto faz a massagem para permitir o relaxamento dos músculos fatigados.

Dedos (dígitos)

O cachorro caminha principalmente sobre os dedos (dígitos) e isto é muitas vezes referido como digitígrado. Como resultado, os cachorros têm mais ossos livres flutuantes denominados ossos sesamoides. Estes ossos permitem que os tendões e os músculos sejam puxados para uma rápida flexão, extensão e muitas mudanças bruscas de direção. Os ossos sesamoides também reduzem a tensão nos tendões e nos músculos, nas suas inserções dos dígitos, enquanto o suporte de peso ocorre nos dígitos.

Muito semelhante aos dedos humanos, cada dígito tem três articulações. Os dígitos que mais comumente observamos são os quatro localizados na pata. Todavia, o cachorro tem igualmente um esporão localizado no lado de dentro do antebraço, perto do carpo. Este esporão é um pouco como o nosso polegar, adicionando um quinto dígito ao cachorro. A base do esporão está ligada a cinco músculos e tendões e supõe-se que suporta o pulso (carpo), mão (ossos do carpo) e dedos (dígitos) com uma rotação rápida. Quando o esporão é removido, alguns especialistas acreditam que isso aumenta a incidência da artrite do carpo, especialmente em cachorros de competição.

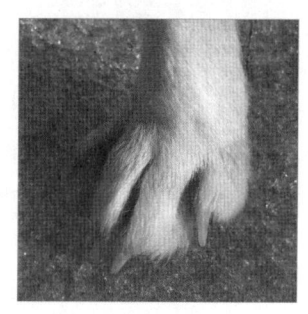

Dedos (dígitos) e unhas

Se houver pelo longo entre as almofadas das patas, deve ser cuidadosamente aparado antes da massagem. Os dígitos estão cobertos de músculos muito pequenos que permitem o movimento das articulações. A massagem deve ser realizada utilizando a técnica de *effleurage* de forma muito suave ou com movimentos circulares. Mova cada uma das articulações dos dedos dentro do seu movimento normal, flita cada um dos dedos e distenda-os cuidadosamente.

EXERCÍCIOS
Antebraço

1. Reparou na direção do padrão/crescimento do pelo no antebraço? Este padrão vai ajudá-lo na direção que deve seguir para aplicar os movimentos de massagem.

2. Apalpe levemente o cotovelo do seu cachorro. Consegue sentir o osso da frente (rádio) e o osso que está atrás e que é ligeiramente mais elevado (cúbito)?

3. Faça uma descrição das diferenças entre o seu cotovelo e o cotovelo do seu cachorro.

4. Mova suavemente o cotovelo para a frente e para trás segurando-o pela articulação. Reparou como esta articulação se move mais ou menos como a dobradiça de uma porta?

EXERCÍCIOS
Pulso (carpo)

1. Localize a articulação do carpo e explore suavemente o pulso (carpo) sentindo os músculos e os ossos. Nota algum inchaço ou sensibilidade?
2. Mova suavemente o carpo para a esquerda e para a direita. Reparou como é que ele se move nestas direções?
3. Com o cachorro deitado de lado, levante a pata a partir do cotovelo. O que acontece ao pulso? Agora erga o seu braço a partir do cotovelo. O que acontece ao pulso?
4. Consegue encontrar a almofada carpal acessória (atrás do carpo)?

EXERCÍCIOS
Dedos (dígitos)

Não prossiga se o seu cachorro o abocanhar ou rosnar quando lhe toca nas patas.

1. Sinta cada um dos dedos cuidadosamente explorando os ossos, músculos e estrutura. Quantas articulações consegue sentir? Flita e estenda cada uma delas.
2. Até que ponto o pelo em excesso entre as almofadas das patas e dedos afeta a marcha na neve? E a corrida em superfícies escorregadias?
3. O seu cachorro tem esporão? Se tiver, mova-o suavemente. Consegue sentir a ligação?

NOTAS

Visão geral: Espinha, costelas e pélvis

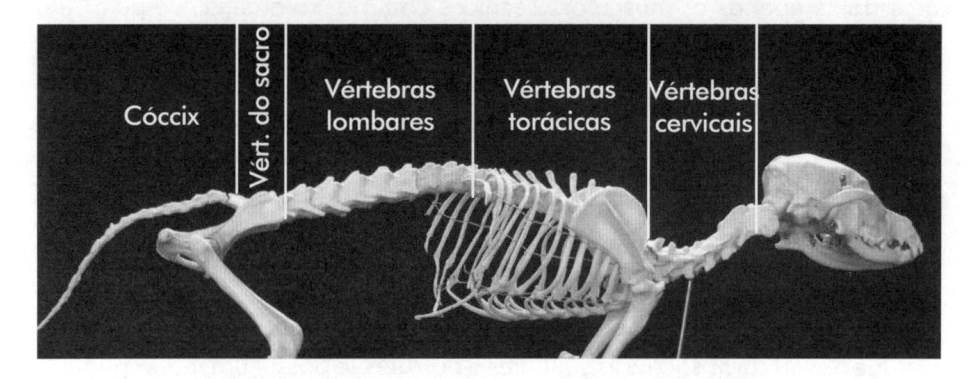

Cóccix | **Vért. do sacro** | **Vértebras lombares** | **Vértebras torácicas** | **Vértebras cervicais**

Embora muitas vezes pensemos na coluna, costelas e pélvis como elementos independentes, esta enorme rede de ossos é contígua e está ligada por muitos músculos e ligamentos grandes e pequenos.

A "espinha dorsal" que consegue sentir são as vértebras da coluna vertebral. Pode pensar nela como uma linha pontilhada numa autoestrada de duas faixas. As vértebras são a linha pontilhada e os músculos de cada lado são as faixas. As vértebras de um cachorro são mais salientes do que as vértebras dos seres humanos.

À medida que um cachorro envelhece ou tem um problema no dorso, os músculos ao longo das vértebras atrofiam ou começam a encolher. As vértebras (ossos do tórax) tornam-se mais proeminentes e salientes. Além disso, vão ficando mais espessas e com menos mobilidade. Isto é referido como ligação em ponte. Compressas quentes ou frias, envolvidas em toalhas para proteger a pele, podem ser aplicadas no dorso antes de realizar a massagem. O seu cachorro vai lhe mostrar se prefere calor ou frio! A coluna vertebral de um cachorro com peso abaixo do normal também pode projetar-se e parecer mais pronunciada do que a de um cachorro de peso normal.

Os grandes músculos da base do pescoço, descritos anteriormente, protegem as vértebras do pescoço (vértebras cervicais), não permitindo sentir os ossos na parte superior do pescoço do cachorro. Alguns dos ossos cervicais podem ser suavemente sentidos na área inferior do pescoço. Os grandes músculos da área superior do pescoço toleram massagens profundas. Num cachorro com artrite, a pele fica "colada" ou rígida quando é massageada sobre as áreas da coluna vertebral.

Em relação à coluna vertebral, nunca massageie os ossos (vértebras), massageie apenas os músculos. Técnicas como o "rolamento de pele" e a "compressão" são excelentes para estes músculos.

Os ossos da coluna vertebral começam na base do crânio e vão até a pélvis. Há cinco componentes ou partes da coluna vertebral: cervical (as vértebras partem da cabeça e seguem em direção ao ombro); torácica (as costelas ligam-se à seção torácica, com a última costela se ligando à 13ª vértebra torácica); lombar (área traseira até o osso pélvico); sacral (parte inferior da pélvis); coccígea (ossos da cauda).

A coluna vertebral de um cachorro é diferente da de um ser humano porque as vértebras são mais salientes e porque ele possui um maior número de vértebras. A numeração inicia-se com as vértebras mais próximas da cabeça. As vértebras são numeradas para cada uma das seções referidas. Por exemplo, as primeiras vértebras cervicais (C1) são as que estão mais próximas da cabeça, e a sétima vértebra cervical (C7) está na área das omoplatas. As vértebras torácicas seguem a C7 e começam em T1.

	Cães	Pessoas
Cervical:	7 (C1-C7)	7
Torácica:	13 (T1-T13)	12
Lombar:	7 (L1-L7)	5
Sacral:	3 (S1-S3)	5
Coccígea:	1-20	3
Total:	até 50	26

Os cachorros têm mais vértebras do que os humanos porque necessitam de maior flexibilidade ao girar, correr e saltar nas quatro patas. Além disso, os seres humanos não têm cauda, por isso só têm três ossos coccígeos. A cauda é importante para o equilíbrio, para o movimento e serve como um remo. Observe a cauda de um cachorro quando ele salta. A cauda serve para ajustar a rotação e ergue-se até ao vértice do salto. Há quem acredite que o corte da cauda pode interferir no equilíbrio e tornar o cachorro mais propenso a lesões como rotura do ligamento cruzado do joelho.

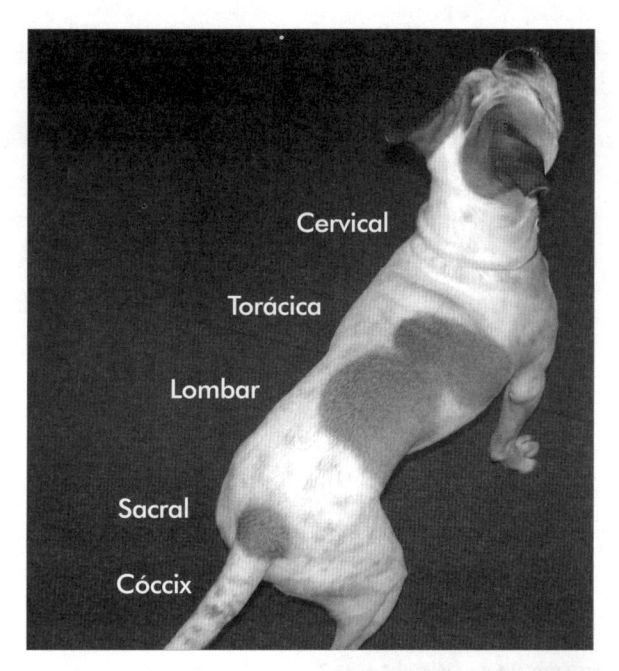

Existe uma vértebra na área torácica, na área da vértebra torácica 10 (T10), que é mais baixa do que as outras e pode parecer uma depressão ou entalhe. Não se assuste quando sentir isto, já que é normal e permite que a coluna vertebral se movimente na lateral, bem como para cima e para baixo.

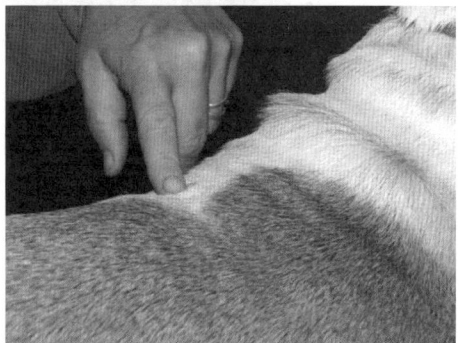

Depressão da vértebra torácica T10

EXERCÍCIOS
Coluna vertebral, costelas e pélvis

1. Começando na base da cabeça e topo do pescoço, sinta os ossos largos semelhantes a asas que começam na coluna vertebral (C1). Está surpreendido com a dimensão destes ossos?

2. Suavemente, apalpe a área inferior do pescoço e deixe que os seus dedos explorem o músculo, o osso e o tecido suave da garganta. Que diferenças existem entre eles?

3. Começando entre as omoplatas (escápula) sinta a coluna vertebral à medida que vai descendo até à cauda. Descreva o que sentiu.

4. Sinta cada uma das costelas a começar da coluna e mova-se até ao abdômen. Conte as costelas nesta área (área torácica). Existem 13 costelas e geralmente são fáceis de sentir, a menos que o seu cachorro tenha excesso de peso. Quantas costelas você consegue contar?

5. Sinta a área da coluna onde a última costela se liga à área onde começa a pélvis (área lombar). Consegue sentir algum nó muscular nas áreas adjacentes?

6. Sinta toda a área da pélvis. Comece nos ossos que se assemelham a grandes elevações ou asas e siga a pélvis até à base da cauda e ligeiramente abaixo. Consegue visualizar esta área como uma caixa ossuda para os ossos sacros?

Visão geral: Membros traseiros, nádegas, quadril e coxa, joelho, perna, tornozelo

Os membros traseiros são por vezes referidos como membros pélvicos. Esta área abrange a extensão da pélvis até à ponta da pata traseira. Tal como mencionado anteriormente, os membros traseiros do cachorro são semelhantes às pernas humanas.

Nádegas

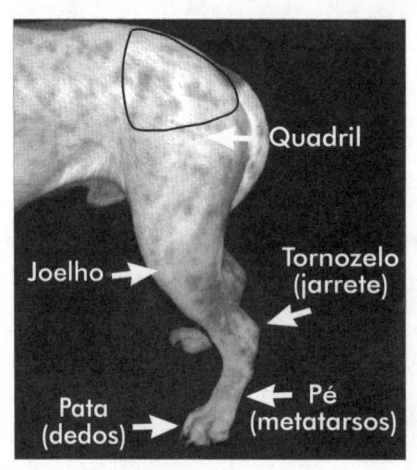

Os músculos das nádegas (glúteos) encontram-se no topo da pélvis. Imagine um corredor no ponto de partida com as nádegas erguidas. Nesta posição, os músculos das nádegas parecem repousar no topo da pélvis. Os músculos das nádegas são proporcionalmente mais pequenos nos cachorros do que nos humanos. Os glúteos são responsáveis pela extensão da anca, permitindo a sua rotação numa direção interna e também algum movimento do membro traseiro para longe do corpo.

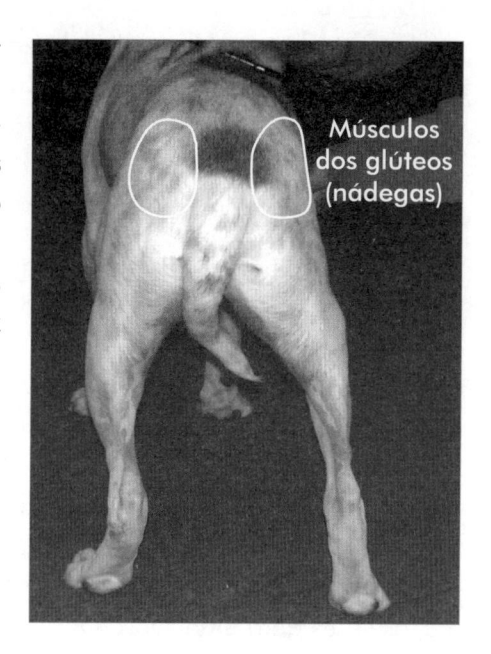

É frequente os glúteos enfraquecerem e ficarem mais pequenos (atrofia) devido a problemas do quadril, tal como CHD (displasia canina da anca), artrite e problemas neurológicos. Neste caso, em vez de sentir um músculo saudável e bem tonificado na porção traseira da pélvis, irá sentir uma aparência ossuda com pouca musculatura. Isto pode ser observado apenas em um lado ou nos dois, dependendo do problema. É mais fácil identificar num cachorro que está em pé visto por trás. Pode igualmente ser observado em cachorros idosos.

Quadril e coxa

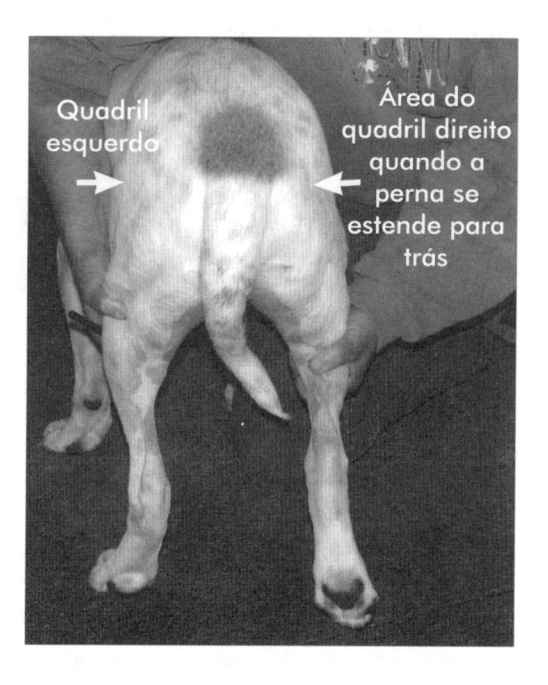

O quadril é uma articulação em "bola e soquete" e está rodeada por músculo. A pélvis cria um "teto" sobre a bola do quadril. A porção da bola constitui a parte superior do grande osso da coxa (fêmur). A bola é mantida no lugar por ligamentos, tendões e músculos grandes. A natureza de "bola e soquete" do quadril permite o movimento em muitas direções: flexão, extensão, rotação para o interior e exterior, movimento de aproximação e afastamento do corpo.

A bola do quadril está ligada ao fêmur (osso grande da coxa) através de um osso de pequenas dimensões. O fêmur é o maior osso do corpo e os grandes músculos da coxa ligam-se a vários locais na superfície do fêmur.

Coxa

Os principais grupos musculares da coxa do cachorro incluem, à semelhança dos seres humanos, os grandes músculos quadríceps, um grupo de quatro músculos. Estes músculos ajudam a distender o joelho e um deles também flete o quadril. Você identifica esses músculos como aqueles que doem quando escala uma montanha, sobe escadas ou usa o *stair master* no ginásio.

Existe uma faixa de músculo que se situa na área frontal da coxa e que tem o nome de sartório. Este músculo ajuda a fletir o quadril e a girar a perna para fora. Encontra-se no topo dos músculos do quadríceps e muitas vezes gera uma sensação de rigidez, ou como se fosse um pedaço de tubo interno. O músculo sartório fica muito tenso quando um cachorro não é capaz de suportar totalmente o peso sobre o membro traseiro. Este é um músculo pouco estável e necessita de massagens suaves com movimentos longos.

Compare a posição de uma perna humana com a de um cachorro quando localizar estes músculos.

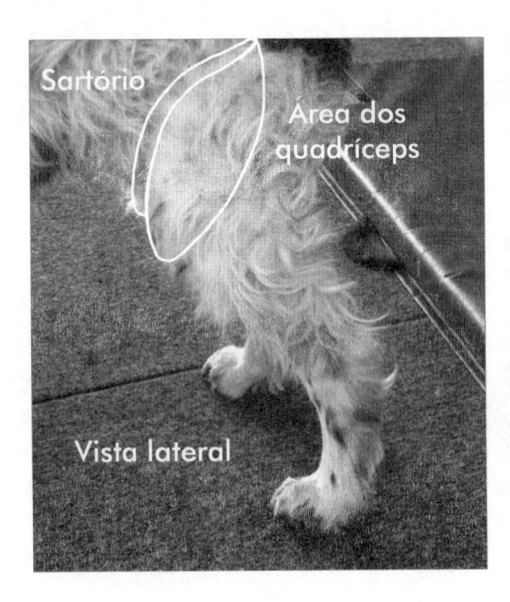

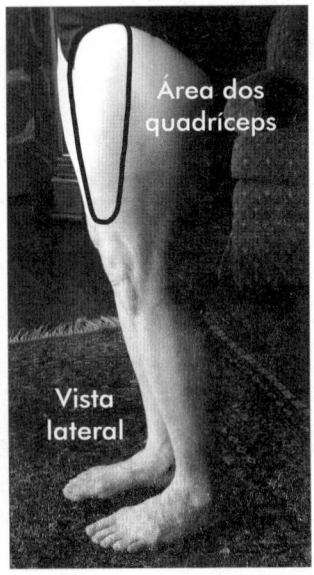

Outro grande grupo de três músculos é o tendão do jarrete, que compreende a porção traseira da coxa. Estes músculos fletem principalmente o joelho, distendem o quadril e permitem um movimento para fora.

Os músculos da coxa quando são vistos de lado e por trás devem ser iguais em ambos os membros. Quando existe uma lesão num dos músculos do membro traseiro, ossos ou articulações principais, os músculos da coxa do membro lesionado geralmente tornam-se mais pequenos.

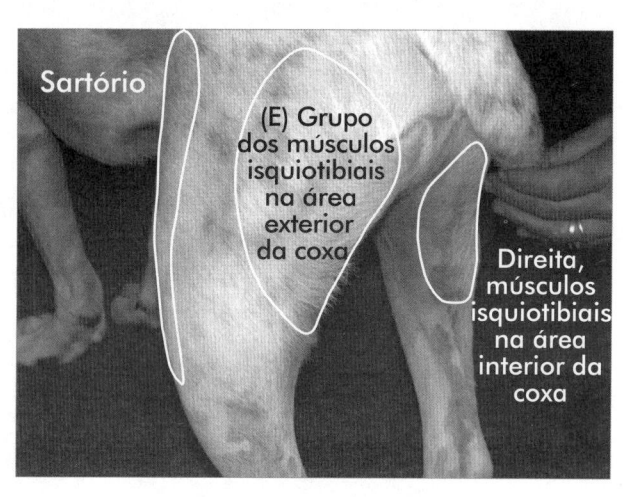

Sartório
(E) Grupo dos músculos isquiotibiais na área exterior da coxa
Direita, músculos isquiotibiais na área interior da coxa

A técnica de amassar e a percussão funcionam bem nos grandes músculos da coxa. Repare no padrão do pelo e siga esse padrão para determinar a direção dos movimentos.

EXERCÍCIOS
Nádegas, quadril e coxas

1. Com o animal deitado, erga suavemente o membro traseiro cerca de dois a cinco centímetros. Mantenha-o paralelo ao chão e gire delicadamente o quadril formando um círculo. Flita o membro para a frente e para trás. Ele se move suavemente?

2. Observe o seu cachorro de trás para a frente e erga a cauda. As duas coxas têm as mesmas dimensões? Olhe para baixo desde o topo dos glúteos. Os lados são iguais?

3. Em que diferem os músculos da coxa dos outros músculos da perna? Os músculos da coxa são maiores ou estão mais bem tonificados?

Joelho

O joelho é a articulação que une o fêmur (osso grande da coxa) ao osso grande da perna (tíbia). A articulação do joelho é menor, mais firme e proeminente num cachorro do que num ser humano. A articulação flete-se e estende-se semelhante à dobradiça de uma porta que permite ela abrir e fechar.

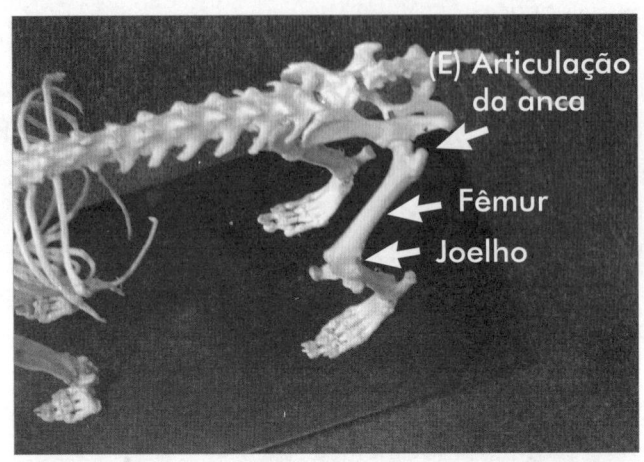

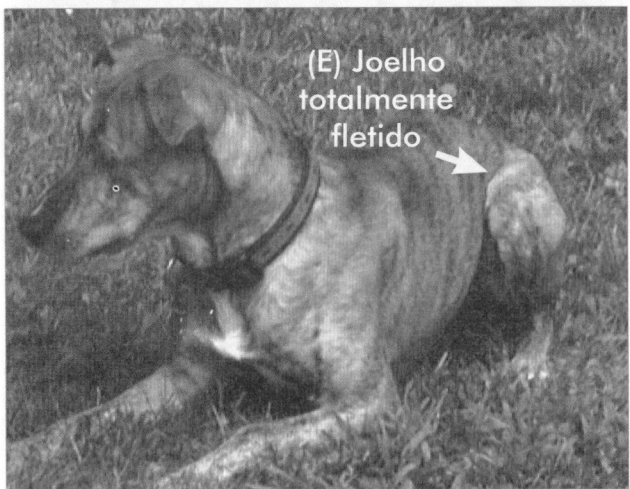

(E) Articulação da anca
Fêmur
Joelho

(E) Joelho totalmente fletido

As extremidades do fêmur e da tíbia que formam o joelho têm uma superfície cartilaginosa macia que permite que a articulação do joelho se mova facilmente sem dor. No interior do joelho existem dois ligamentos que formam uma cruz e ligam o fêmur à tíbia. Um deles impede que o osso da perna (tíbia) deslize muito para a frente e tem o nome do ligamento cruzado cranial (CCL) no fêmur ou ligamento cruzado anterior nas pessoas (ACL); o outro impede que a tíbia deslize para trás e tem o nome de ligamento cruzado caudal num fêmur, ou ligamento cruzado posterior nas pessoas.

A rótula (patela) é um osso flutuante que protege a articulação do joelho. Nas pessoas, a patela move-se facilmente de um lado para o outro. Nos cachorros, a patela é muito menor, assemelha-se a uma borracha dura. Ao contrário de uma rótula humana, ela não deve mover-se, mas permanecer firmemente encaixada num sulco. A patela é mantida no lugar por um grande tendão que se origina fora dos quadríceps da coxa e se liga ao osso da pata.

A rótula (patela) é principalmente uma estrutura óssea e não deve ser massageada. Todavia, os músculos em torno do joelho, incluindo a inserção dos músculos da coxa atrás e à frente, aceitam massagens profundas. Os tecidos moles em torno do joelho ou em ambos os lados podem também receber uma leve massagem que os cachorros costumam considerar agradável. Os cachorros que já tenham sofrido alguma lesão no joelho ou que tenham artrite apresentam um alto no interior do joelho e esse joelho pode parecer ligeiramente maior do que o outro. Quando se trata das áreas ósseas do joelho deve-se fazer uma massagem leve.

EXERCÍCIOS

1. Com a sua perna esticada e relaxada, mova a rótula do joelho suavemente de um lado para o outro. Até que ponto se move a sua rótula?

2. Tente sentir a rótula do seu cachorro. Siga o músculo dianteiro da coxa no sentido descendente até à primeira protuberância que encontrar. Trata-se da rótula. Repare nas dimensões da rótula do seu cachorro, compare com a sua. Reparou na ausência de movimento lateral?

3. Mova a perna para a frente e para trás enquanto mantém o joelho no lugar. Reparou na capacidade de flexão e extensão do joelho?

Perna

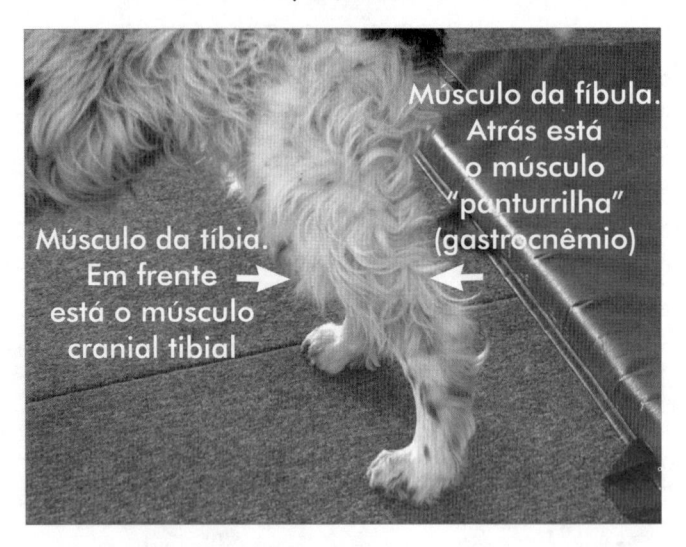

Músculo da tíbia. Em frente está o músculo cranial tibial

Músculo da fíbula. Atrás está o músculo "panturrilha" (gastrocnêmio)

A perna é essencialmente constituída por dois ossos – a tíbia e a fíbula. A tíbia é o maior dos dois ossos e está localizada na porção frontal da perna. A tíbia é o osso de suporte do peso. A fíbula encontra-se atrás da tíbia e, nos cachorros ela não suporta o peso do corpo, serve como osso principal para as ligações dos músculos na parte de trás da perna.

Existem vários músculos na frente e em cada um dos lados da tíbia, um dos maiores denomina-se músculo tibial cranial e ajuda a fletir o jarrete (tornozelo). Um dos principais músculos na parte de trás da perna é aquele que é vulgarmente referido como panturrilha ou gastrocnêmio, que flete o joelho e distende o jarrete (tornozelo).

EXERCÍCIOS

1. Começando logo abaixo do joelho e seguindo em direção à área do tornozelo, sinta o formato da perna. Consegue sentir a tíbia (osso) e os músculos adjacentes?

2. Começando atrás do joelho e seguindo em direção à área do osso do tornozelo, sinta a parte de trás da perna. Consegue sentir o músculo da panturrilha (gastrocnêmio)?

3. Consegue sentir o tendão de Aquiles que se estende da base do músculo da panturrilha até ao osso do tornozelo?

Tornozelo (Jarrete)

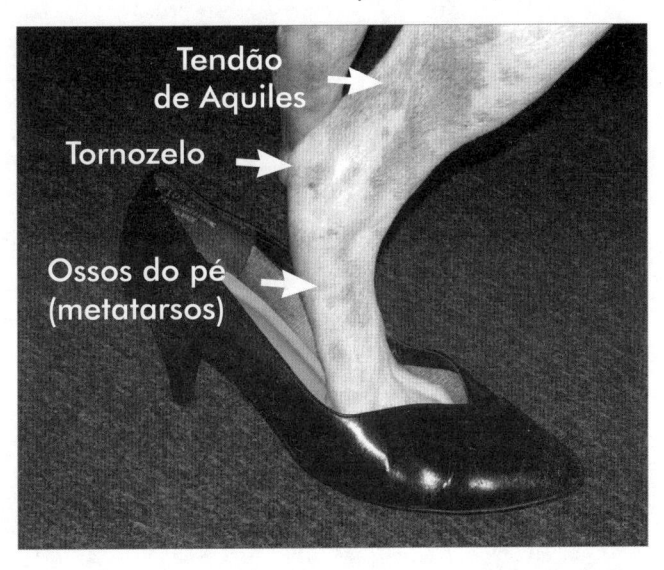

- Tendão de Aquiles
- Tornozelo
- Ossos do pé (metatarsos)

A tíbia e a fíbula (ossos da perna) unem os ossos dos pés na articulação do tornozelo conhecida no cachorro como jarrete. Lembre-se de que, ao contrário dos seres humanos, o suporte do peso do corpo do animal é sobre os dedos e não sobre o pé. Portanto, a porção traseira do tornozelo é o osso do calcanhar. O tendão de Aquiles liga-se desde o calcanhar até à panturrilha, permitindo que o tornozelo flita e estenda.

O tornozelo e o pé são compostos por muitos ossos e muitos músculos pequenos que se ligam a estes ossos. Demore o tempo que for necessário ao massagear os pequenos músculos do tornozelo, pés e patas com manobras suaves.

EXERCÍCIOS

1. Sinta a área da articulação do tornozelo. Desloque suavemente o tornozelo para a frente (fletir) e depois estenda-o (distender). Ele move-se com suavidade? O que acontece ao tendão de Aquiles quando move o tornozelo? Consegue senti-lo encolher e alongar?
2. Em que difere o seu tornozelo do tornozelo do seu cachorro?

Pés (metatarsos)

Os termos "pé" e "pata" são muitas vezes utilizados indiscriminadamente para designar o mesmo e podem causar confusão aos donos dos cachorros. Estes termos também são muitas vezes utilizados para descrever o membro dianteiro e o membro traseiro. De uma forma correta, devemos dizer "pé" quando nos referimos aos ossos do metatarso do membro traseiro. Estes ossos, à semelhança dos humanos, vão desde a articulação do tornozelo (jarrete) até aos dedos dos pés. Uma diferença óbvia é que os humanos caminham sobre os ossos dos pés (metatarsos) e a isto dá-se o nome de plantígrado. Os cachorros caminham sobre os dedos e a isto dá-se o nome de digitígrado.

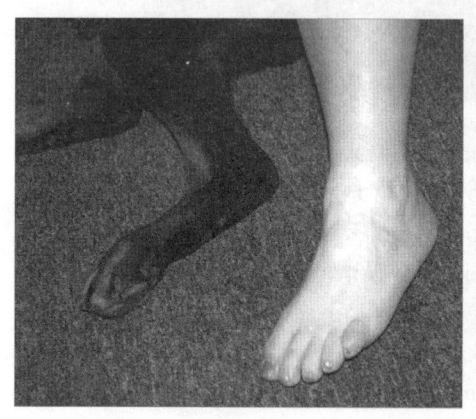

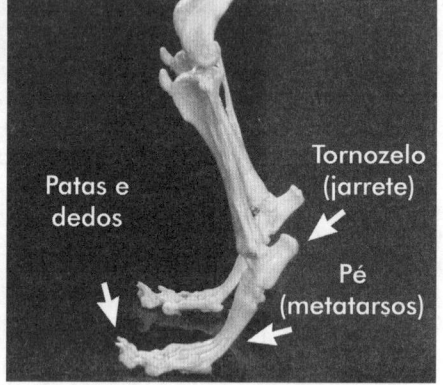

A pata começa na porção distal dos ossos dos pés e inclui todos os aspectos dos dedos e das almofadas, músculos e ossos. É comum considerarmos os metatarsos como sendo essencialmente osso, mas existem muitos músculos, tendões e ligamentos pequenos e importantes nesta área. Devido à natureza superficial dos ossos dos pés, os músculos desta área devem ser massageados levemente com movimentos largos que devem começar no tornozelo e se alongar pelos dedos. As técnicas de torcer e de fricção também são muito úteis nesta área. Lembre-se de massagear as superfícies da parte da frente e de trás dos pés.

EXERCÍCIOS
Pés (metatarsos)

1. Sinta os ossos longos dos pés, atrás e à frente. Consegue sentir como estes ossos se ligam ao tornozelo e aos dedos? Consegue diferenciar os músculos e os ossos?

2. Observe como caminha sobre os seus pés (plantígrado) e como o seu cachorro caminha sobre os dedos (digitígrado). Consegue ver a diferença?

Visão geral: Dedos dos pés (dígitos dos membros traseiros), patas e unhas

Dedos dos pés

Cada dedo do pé do cachorro começa na extremidade dos metatarsos e termina na unha. Existem quatro dedos e um esporão em cada membro traseiro. Alguns especialistas acreditam que os esporões são funcionais e não devem ser removidos. Raças como os cachorros da montanha dos Pirenéus e *Briard* têm dois (ou mais) esporões. Estes esporões assemelham-se mais a um osso do que a uma unha.

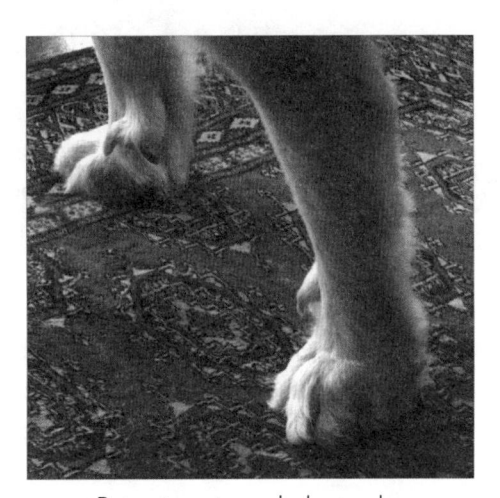

Patas traseiras, dedos, unhas

O dedo do pé tem três articulações distintas que fletem e distendem e estão cobertas de pequenos músculos e tendões que funcionam como roldanas. Os dedos e as unhas são utilizados para o cachorro se agarrar ao chão quando caminha para a frente, para trás ou muda de direção para os lados. Todavia, em cachorros mais idosos e de trabalho, os dedos dos pés são propensos a adquirir artrite e são muitas vezes descurados.

Patas

As almofadas da pata traseira têm uma almofada grande na parte de trás da pata denominada almofada metatársica. As outras almofadas mais pequenas têm o nome de almofadas digitais. As almofadas estão sujeitas a lesões devido ao uso em superfícies abrasivas (neve, asfalto, rochas, etc.) e podem ressecar ou gretar. As almofadas são importantes para almofadar os ossos dos dedos e devem ser vigiadas.

Remova todos os pelos existentes entre as almofadas. Os pelos compridos são como meias escorregadias e podem causar quedas, especialmente nos cachorros mais idosos! A neve, detritos ou paus podem alojar-se nos pelos e causar claudicação. Aplique óleos e massageie as almofadas regularmente, a menos que o seu cachorro não tolere massagens nos pés. Aplique movimentos circulares e faça os possíveis por alongar cada uma das articulações dos dedos.

Unhas

As unhas ou garras crescem desde a base num ritmo aproximado de dois milímetros por semana. As unhas, que não se gastam naturalmente, devem ser aparadas com frequência ou o comprimento da unha vai interferir na marcha do animal. Normalmente, as unhas devem ser aparadas pelo menos uma vez por mês para proporcionarem uma saúde adequada à pata. Se não forem aparadas, as unhas podem introduzir-se na pata, causar infecções e claudicação. Qualquer alteração no movimento correto pode causar nós musculares, dores e tensão nas articulações. Use a hora da massagem para verificar o comprimento das unhas. Se estiverem longas e necessitarem ser cortadas, NÃO o faça durante a massagem; espere por um momento mais adequado. A maioria dos cachorros não aprecia cortar as unhas e pode começar a associar o momento da massagem relaxante a esse acontecimento desagradável.

EXERCÍCIOS
Dedos, patas e unhas

1. Sinta cada um dos dedos dos pés e a respetiva articulação. Mova em separado cada uma das três articulações. Está surpreso por os dedos serem tão flexíveis?

2. Em que estado estão as unhas do seu cachorro? Estão igualmente gastas em todos os dedos? O que pode sugerir haver unhas mais gastas que outras?

3. O seu cachorro tem um esporão nas patas traseiras? Algumas raças podem ter mais de um!

Duplo esporão (membro traseiro) de um cão
da montanha dos Pirenéus

5
ALONGAMENTOS

O cão é o único ser no mundo que adora mais o dono do que a si mesmo.
— JOSH BILLINGS

OS ALONGAMENTOS DAS ARTICULAÇÕES, REALIZADOS COM SUAVIDADE, devem estar incluídos e fazer parte da experiência de massagem. O alongamento proporciona uma mobilidade e integridade saudável das articulações e mantém as fibras musculares tonificadas. Um movimento repetitivo sem alongamento provoca rigidez nas articulações e nos músculos. Recomendamos que pratique alongamentos suaves enquanto massageia o seu cachorro.

  Os cachorros fazem alongamentos de forma automática para reduzir a tensão muscular e manter a flexibilidade das articulações. O mais comum é o arqueamento do dorso, à semelhança do movimento dos gatos e à posição "vênia da brincadeira" quando o cachorro desperta de uma sesta ou desce de um ponto elevado. É comum os cachorros de grande porte alongarem toda a extensão do dorso e das patas traseiras. Posicionam os membros dianteiros no chão deixando os traseiros para trás, e os cachorros pequenos fazem o mesmo estendendo os membros da frente e arqueando o dorso num alongamento similar. Geralmente, têm a cabeça inclinada para trás (a olhar para o teto) à medida que o dorso alonga na totalidade. Os alongamentos são semelhantes às posições que todos os que praticam *yoga* conhecem, como o alongamento do gato, o cachorro que olha para baixo e a parte inicial da posição da cobra.

Os alongamentos nos cachorros podem reduzir o risco de lesões musculares, aumentar o relaxamento e melhorar a consciência do corpo. Os alongamentos também melhoram a flexibilidade porque as fibras musculares são alongadas. Os benefícios dos alongamentos incluem um aumento da circulação sanguínea nos músculos envolvidos no movimento das articulações. Isto aumenta a tonificação da fibra muscular e reduz a tensão nos músculos. A elasticidade melhorada e a flexibilidade dos músculos, tendões e ligamentos permitem movimentos mais rápidos e mais livres, com menos risco de lesões.

Os benefícios adicionais incluem uma maior extensão da passada e uma amplitude de movimentos ativa. Ao mesmo tempo que solta as aderências das articulações (tecido cicatricial) e os espasmos musculares, os alongamentos também melhoram a coordenação. Além disso, existe uma melhor percepção em relação aos movimentos dos membros no espaço, conhecido como o nosso sentido de propriocepção. Isso é especialmente útil em cachorros com problemas neurológicos.

Pontos-Chave para Recordar Durante os Alongamentos

1. Consulte o veterinário se notar que o seu cachorro tem as articulações rígidas, inchadas ou quentes ou se estiver inseguro em relação à saúde do animal.

2. Nunca estique demais uma articulação. É sempre melhor alongar menos do que demais.

3. Massageie os músculos antes de alongar a articulação. Isto garante que os músculos estejam aquecidos, relaxados e que há circulação adequada na área.

4. Mantenha o alongamento constante e respire fundo. Não sacuda nem faça vibrar a articulação. Mantenha cada alongamento por 15-20 segundos até sentir um relaxamento muscular suave.

5. Alongue a articulação até surgir uma ligeira resistência e depois PARE. Não prossiga para além dessa resistência.

6. As articulações rígidas podem ser soltas com compressas quentes antes do alongamento.

7. Finalize o alongamento com movimentos longos e lentos à medida que vai se aproximando da próxima área de massagem.

Introdução ao alongamento

Comece com uma massagem geral e relaxante nos músculos em redor da articulação. O alongamento deve fazer parte do fluxo de massagem, e não ser um componente separado. Pense no movimento normal do seu cachorro antes de aplicar o alongamento. O membro deve estar orientado de acordo com o movimento natural do cachorro.

Durante uma massagem relaxante com alongamento, o seu cachorro deve estar deitado numa posição confortável, se possível. Não torça a articulação nem aplique nenhum movimento de rotação. Siga cuidadosamente o exemplo das imagens e as descrições contidas neste capítulo para cada sequência de alongamento.

Algumas articulações podem ter restrições devido a lesão anterior, utilização indevida, desuso, envelhecimento ou mesmo cirurgia. Nunca sinta pressa de corrigir essas restrições, elas irão libertar-se aos poucos com os alongamentos diários e trabalhando em conjunto com as recomendações do seu veterinário e dos terapeutas. Seja meigo, gentil e paciente. Demasiados alongamentos podem rasgar as fibras dos músculos, tendões ou ligamentos. Cada alongamento é realizado tendo em conta a flexibilidade das articulações, a tolerância e a tensão muscular. Quando o alongamento estiver concluído, coloque o membro numa posição neutra ou na posição normal.

As fotos que se seguem, com descrições dos alongamentos, irão ajudar a desenvolver o seu nível de habilidade. Não esqueça que existem muitos mais alongamentos. No entanto, estes são os alongamentos básicos que podem ser usados para manter as articulações do seu cachorro saudáveis e se encaixam bem nas manobras de massagem.

Alongamento do membro dianteiro

Flexão de cotovelo – "Sacudir as moscas das orelhas" ou "saudação"

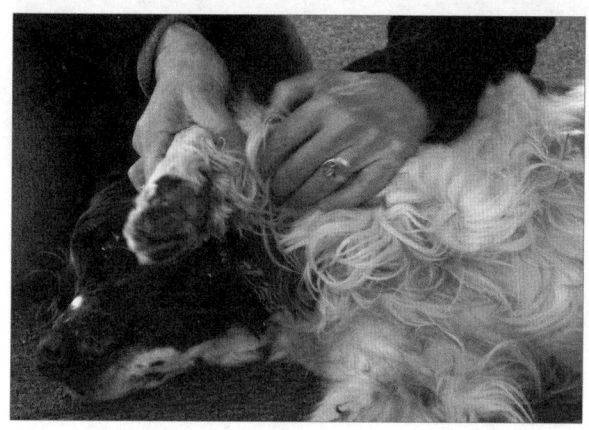

Comprima suavemente a área perto do cotovelo com uma mão. Traga a porção inferior do membro dianteiro (antebraço) para junto da orelha. A pata é colocada sobre a orelha enquanto o membro é mantido junto do corpo. Este exercício flete o cotovelo de forma máxima. Volte a uma posição direita e neutra.

Extensão de ombro ou "alongamento para a frente"

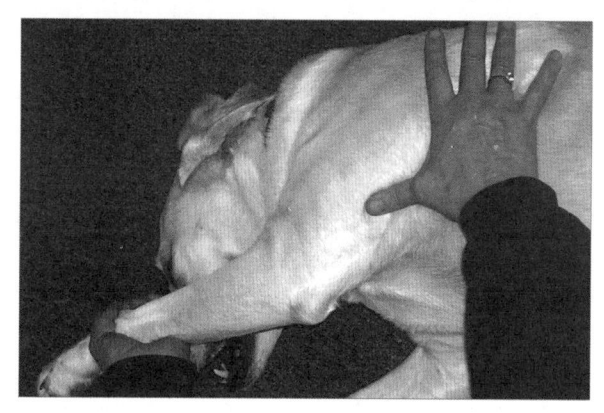

Estenda o membro dianteiro em direção ao nariz do cachorro. Isto é realizado segurando delicadamente no pulso (carpo) e empurrando levemente o cotovelo para a frente. O exercício alonga o ombro, o carpo e o cotovelo. Normalmente, o membro dianteiro deve mover-se com facilidade para a frente ao nível do nariz/olhos. Volte à posição neutra.

Flexão do ombro ou "alongar para trás"

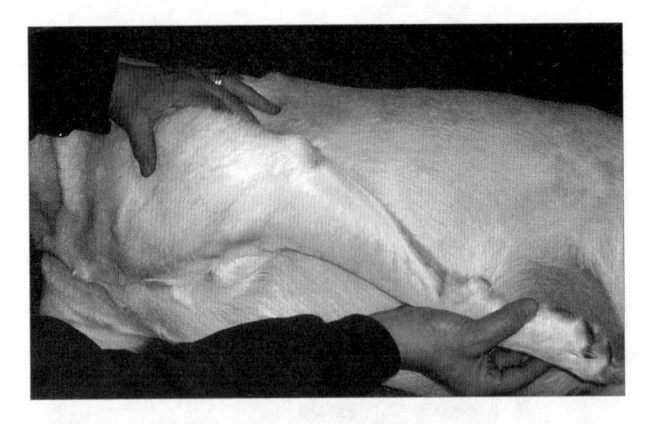

O membro dianteiro é puxado suavemente para trás em direção ao membro traseiro. Isto é realizado segurando gentilmente no carpo enquanto o ombro desliza para trás. Logo que o ombro esteja fletido, o cotovelo pode ser lentamente endireitado. O exercício flete o ombro e estende o cotovelo. Normalmente, o membro dianteiro deve fletir e o cotovelo deve endireitar com facilidade. Volte à posição neutra.

Flexão do pulso ou "alongamento do pulso (carpo) para trás"

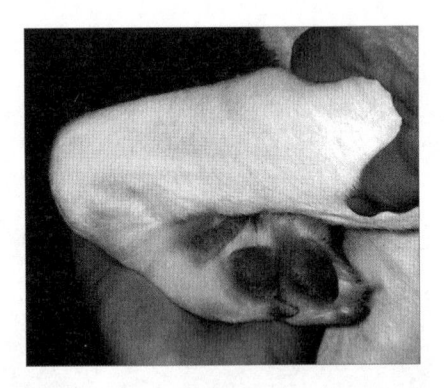

A almofada da pata é fletida para permanecer encostada à parte traseira (posterior ou caudal) do membro anterior. O exercício dobra do pulso/carpo na sua totalidade. Normalmente, a almofada da pata irá mover-se sem resistência até tocar na parte de trás do membro dianteiro. Volte à posição neutra.

Alongamento do pulso (carpo)

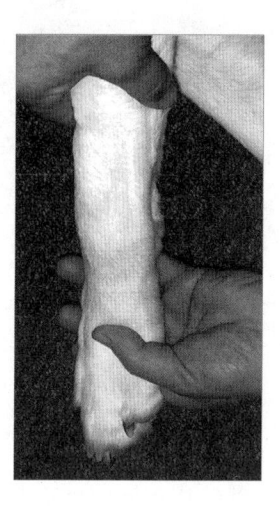

O pulso (carpo) fica totalmente estendido (alongado) se colocar uma mão imediatamente acima da articulação do pulso e usar a outra mão para endireitar a "mão" e a pata. Normalmente, isto deverá criar uma linha totalmente reta ao longo do antebraço. O pulso não poderá alongar-se totalmente se existir artrite.

Flexão do dedo (dígito) e extensão

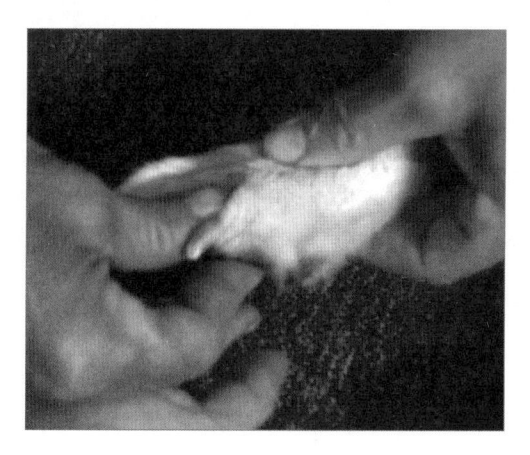

Apoie a "mão" e a pata e dobre-as (flita) suavemente, em seguida endireite (alongue) cada uma das articulações dos dedos (dígitos).

Alongamento dos membros traseiros

Rotação do quadril

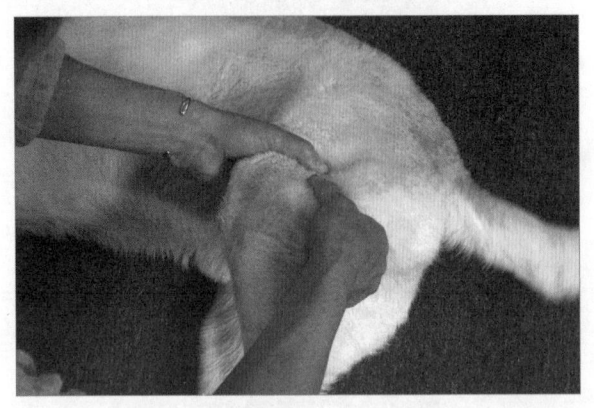

Rode o quadril cinco vezes em cada direção enquanto segura a coxa na altura do joelho ou ligeiramente mais alto. A perna deve permanecer paralela ao outro membro. Normalmente, a articulação do quadril deve mover-se livremente.

Extensão do quadril ou "alongamento do cachorrinho"

Alongue o quadril puxando delicadamente o membro traseiro para trás enquanto segura na área do tornozelo (jarrete). Simultaneamente, execute movimentos de cima para baixo na parte da frente (anterior ou cranial) da coxa. Pense no quanto um cachorro consegue alongar a pata para trás. Lembre-se que um cachorro mais velho não conseguirá alongar tanto quanto um mais jovem. Normalmente o quadril alonga-se na totalidade, mas podem existir limitações em caso de artrite ou displasia do quadril.

Abdução do quadril ou "Movimento boca-de-incêndio"

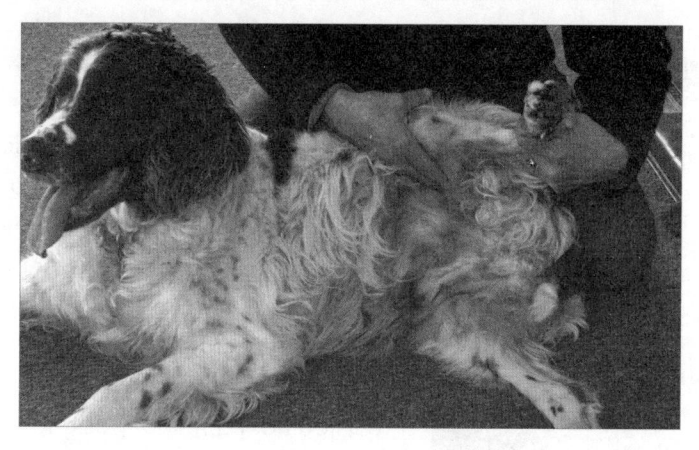

Erga delicadamente a coxa (abdução) para expor o abdômen e a virilha. Pense no quão alto um cachorro macho levanta a perna para urinar numa boca-de-incêndio. Assim que a pata estiver levantada, esfregue suavemente a dobra da virilha com especial atenção no terço frontal da prega da virilha. O exercício ajuda a soltar os quadris e aumenta a flexibilidade dos músculos do quadril.

Flexão do joelho

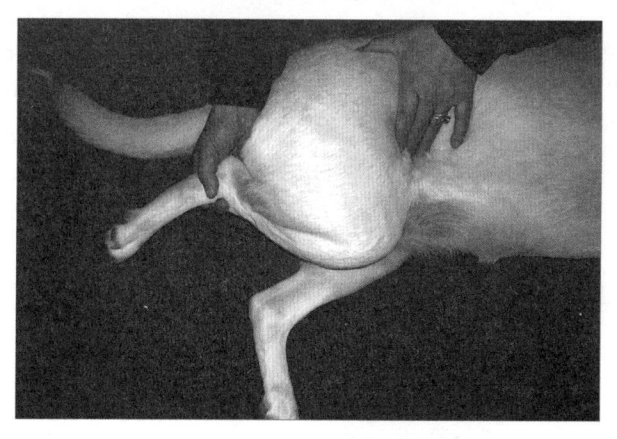

Flita o joelho, colocando delicadamente o osso do calcanhar (jarrete) no osso do assento (tuberosidade isquiática da pélvis). Normalmente, este movimento flete totalmente o joelho. No entanto, pode ocorrer alguma restrição em caso de artrite no joelho ou imediatamente a seguir a cirurgia no joelho (reparação do ligamento cruzado de luxação da patela).

Alongamento do joelho

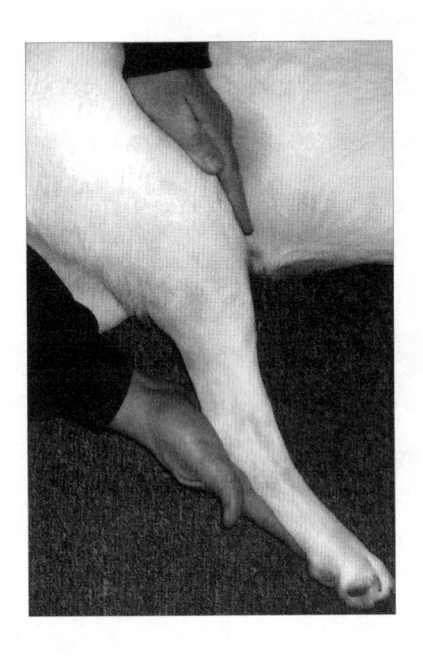

Alongue o joelho segurando gentilmente no jarrete e deslizando a perna em direção ao membro dianteiro. Em simultâneo, pressione levemente a parte superior da coxa dianteira (frontal) para endireitar a articulação do joelho. O objetivo é conseguir que a articulação do joelho fique na posição mais reta possível. O exercício alonga totalmente o joelho e é muitas vezes restringido imediatamente após uma cirurgia do joelho.

Alongamento do jarrete

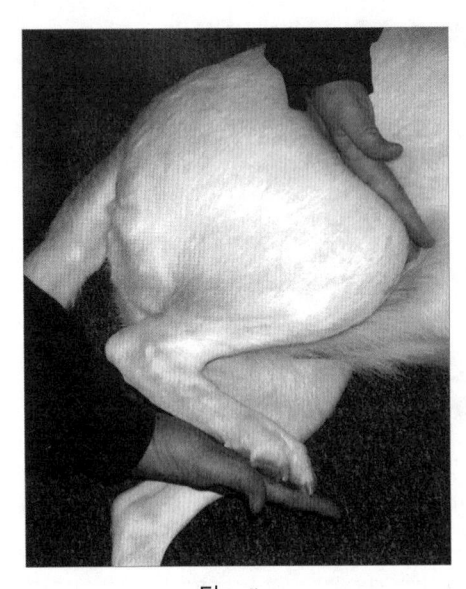

A flexão do jarrete é conseguida movendo o topo da almofada da pata em direção ao joelho. Muitas vezes é necessário pressionar a coxa suavemente numa direção descendente ou o membro irá afastar-se da compressão. Normalmente, a parte superior da pata ficará a cerca de quatro ou cinco centímetros do joelho. A flexão do jarrete estará comprometida se existir algum problema no joelho ou no jarrete. O exercício permite a flexão máxima do jarrete.

Flexão

Extensão do jarrete

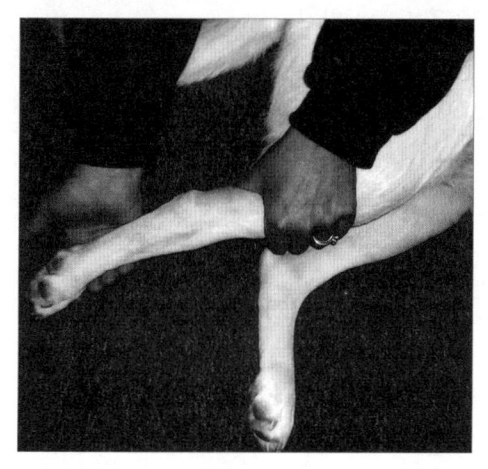

O alongamento do jarrete é conseguido mantendo a articulação da perna acima da pata, na parte frontal da perna imediatamente abaixo do joelho. Nessa altura, endireite o "pé" e a pata. Normalmente, o jarrete deve alongar com facilidade.

Extensão

Alongamento dos dedos (dígitos)

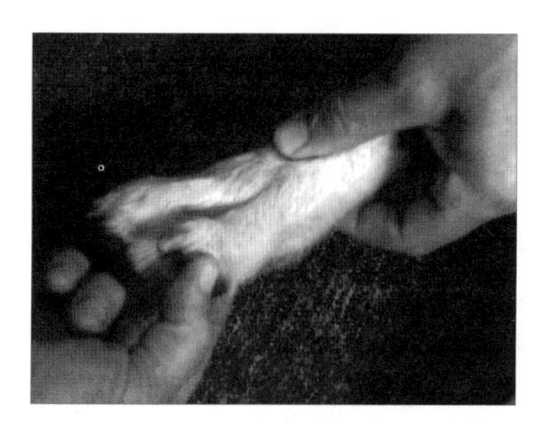

Segure no pé e na pata e dobre-os (flita) delicadamente. Alongue (distenda) cada uma das articulações dos dígitos.

Alongamento

Alongamento da cauda

Os cães riem, mas fazem-no com a cauda.
— MAX EASTMAN

A cauda é constituída por uma série de ossos e articulações. Como deve recordar-se, no capítulo sobre a anatomia canina (Capítulo quatro) referimos que as vértebras da cauda são conhecidas como vértebras coccígeas ou caudais. O número de articulações depende do comprimento da cauda. Alguns cachorros têm mais de 20 articulações e vértebras na cauda. O objetivo deste alongamento é relaxar a base da cauda e a parte inferior do dorso, endireitando a coluna vertebral.

A maioria dos cachorros adora o alongamento da cauda. Consideram-no relaxante e não conseguem fazê-lo sozinhos. Observe a linguagem corporal do seu cachorro e a expressão facial. Tenha em mente que alguns cachorros não gostam que lhes toquem na cauda e precisam de tempo para se acostumar com esses movimentos.

Puxar a cauda

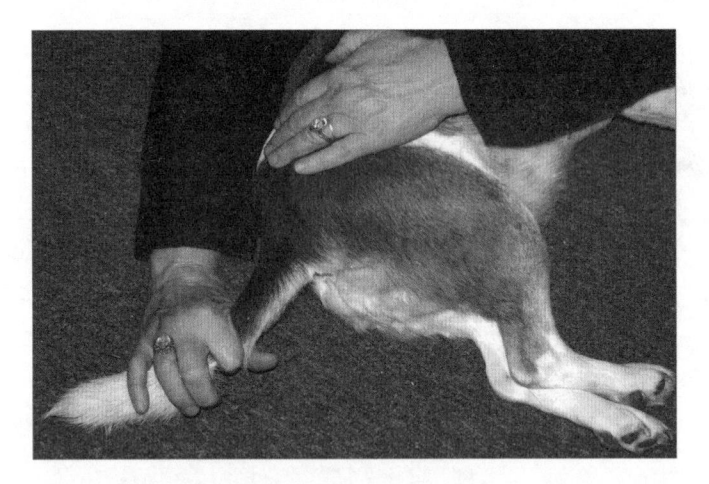

Comece este movimento apertando suavemente cada osso da cauda. Seja especialmente delicado na ponta. Logo que tenha terminado este movimento, coloque uma mão na base da cauda e agarre-a suavemente, aproximadamente cinco centímetros a partir da base da cauda. Delicadamente mas com firmeza, puxe a cauda na direção oposta a partir da base. Isto aplica uma tração suave. Mantenha o alongamento durante cerca de 10 segundos e depois vá libertando a cauda lentamente durante mais 10 segundos. Repita isto cinco vezes. Nunca puxe nem aperte a cauda com muita força.

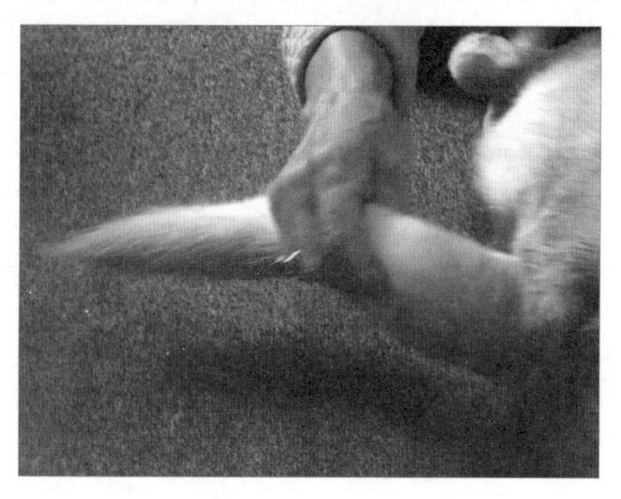

Mover a cauda em círculos

Posicione uma mão na base da cauda e pressione-a cuidadosamente contra o corpo do cachorro.

Isto faz com que a cauda efetue uma curva arredondada e relaxa a sua base. Gire a cauda num círculo no sentido horário e anti-horário durante 3-5 rotações em cada sentido.

EXERCÍCIOS
Alongamento dos membros dianteiros, membros traseiros e cauda

1. Pense em como cada um dos membros e articulações se movem durante as posições de "vénia da brincadeira", coçar a orelha e segurar no osso. Descreva a aparência dos membros e das articulações. Por exemplo, o membro dianteiro move-se para trás e para a frente durante uma caminhada, alonga-se durante a "vénia da brincadeira", coçar a orelha e segurar o osso. O membro traseiro corre, ergue uma perna e estende-se para trás num alongamento. A cabeça levanta-se para olhar um esquilo numa árvore e para baixo para a comida no chão, inclina-se para o lado para prestar atenção a sons estranhos e move-se para a frente para mordiscar algo que causa irritação. A cauda (mesmo em cachorros de cauda curta) mantém-se elevada, baixa e agita-se para trás e para a frente. Quantos mais movimentos consegue listar ou descrever?

2. Mova cada um dos membros e articulações como descrito no capítulo dos alongamentos. Reparou se havia alguma restrição?

3. Descreva a cauda do seu cachorro.

4. Repare na forma como o seu cachorro mantém a cauda quando:
   ... saúda outros cachorros
   ... está feliz
   ... está triste
   ... corre
   ... salta

6
A ROTINA DE MASSAGEM

O cão tem a alma de um filósofo.
— PLATÃO

CHEGOU O MOMENTO DE JUNTAR TUDO E FAZER UMA MASSAGEM. Antes de começar, tenha em mente os pontos-chave que fomos enfatizando ao longo do livro. Nesta altura, vale a pena rever alguns deles.

Evite massagear as áreas ósseas como as articulações e a coluna vertebral. A massagem destina-se aos tecidos moles ou músculos do corpo. A massagem sobre os ossos machuca. Massagear tecido mole é agradável e relaxante.

Defina o tom

Comece a massagem no seu cachorro depois de encontrar uma posição confortável para ambos. Tome consciência da sua respiração. Agora, suavemente, leve a respiração até ao abdômen, permitindo-se relaxar em cada respiração. Respire desta maneira e profundamente durante várias vezes, enquanto começa a ligar-se ao corpo, mente e espírito do seu cachorro.

Lembre-se de "falar" delicadamente com o seu cachorro, usando palavras ou pensamentos, durante a massagem. Isto permite que ele saiba que este é o seu momento especial. Embora o toque seja diferente em foco e intenção, é calmante e relaxante. Repare no quanto o seu cachorro vai relaxando a cada manobra e movimento.

A MASSAGEM

Comece a massagem propriamente dita pousando as mãos numa área que seja confortável para o seu cachorro. Esta área pode ser o pescoço, a espádua, o topo da cabeça ou a parte de trás. Dedique alguns momentos a acariciar esta área e depois mova-se em direção ao topo do pescoço. Use movimentos longos e lentos desde o pescoço, por todo o dorso e até à base da cauda. Repita esta manobra pelo menos três vezes. Repare no que está sentindo sob os seus dedos e mãos.

Preste atenção a quaisquer áreas de tensão no seu cachorro. Comece por massagear a cara. Usando os polegares em cada um dos lados do nariz, inicie manobras longas e suaves e/ou em pequenos círculos suaves ao longo do focinho movendo-se lentamente a partir do nariz para os olhos e orelhas. Siga o padrão do pelo da cara. Alterne os movimentos dos polegares, massageie em redor dos olhos e na fronte. Comece a sentir o seu cachorro relaxar.

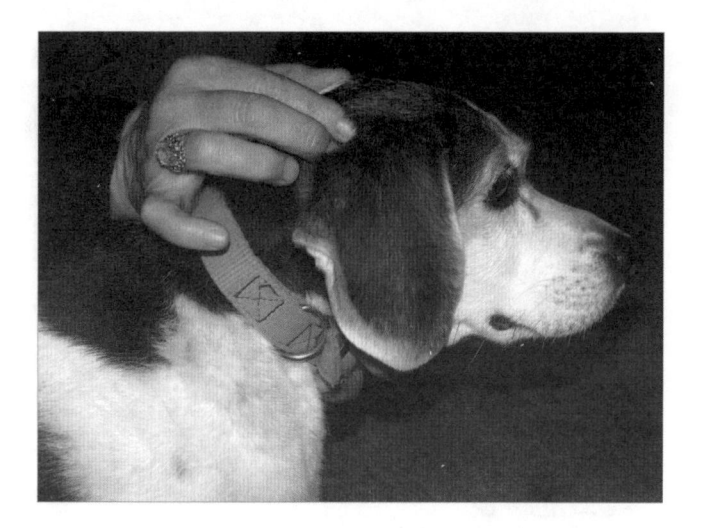

Mova-se em direção à base das orelhas e utilize círculos suaves em redor da base. Tal como a cara, a base das orelhas detém uma grande quantidade de tensão e necessidade de atenção. Massageie a extremidade da frente das orelhas da base até à ponta.

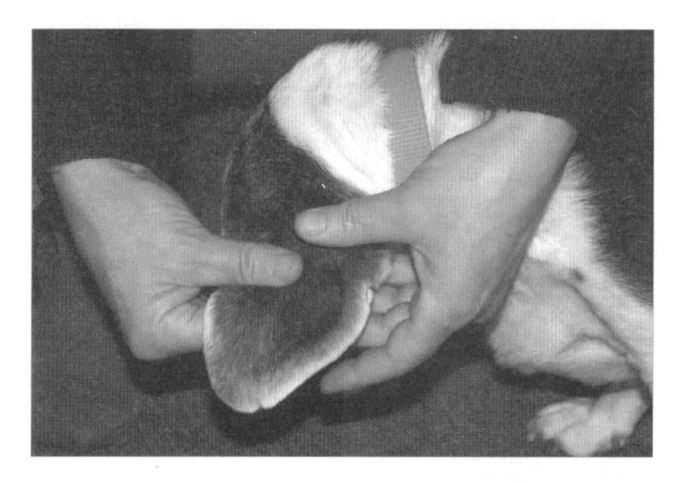

Com cuidado, puxe a orelha da base para a ponta, alongando a orelha ligeiramente para trás. Esfregue a ponta da orelha entre os seus dedos. Preste atenção a todas as sensações sob os seus dedos.

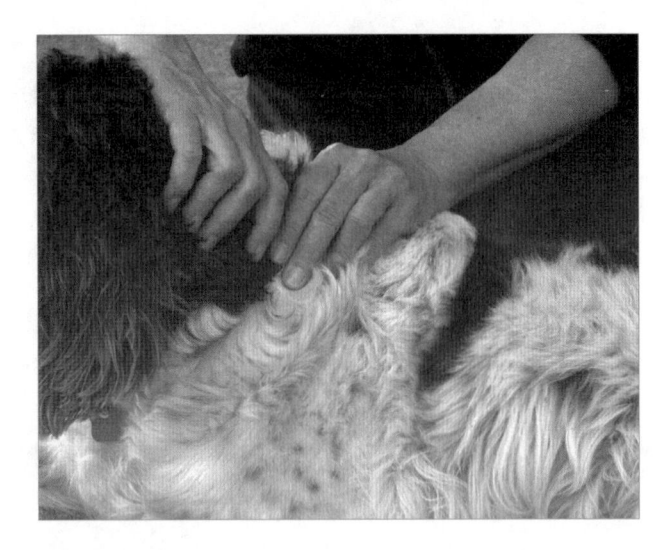

Em cachorros de grande porte, massageie um lado do pescoço; em cachorros pequenos, massageie ambos os lados em simultâneo. Permita que as suas mãos explorem os músculos do pescoço e ombros. Massageie a crista do pescoço apertando levemente os músculos. Aumente ligeiramente a pressão com ambas as mãos ao longo de toda a parte superior do pescoço, desde a base do crânio até os ombros. Pense na textura e qualidade do músculo que está sentindo e repare na localização do osso e músculo. Observe também se os músculos estão macios e fáceis de movimentar.

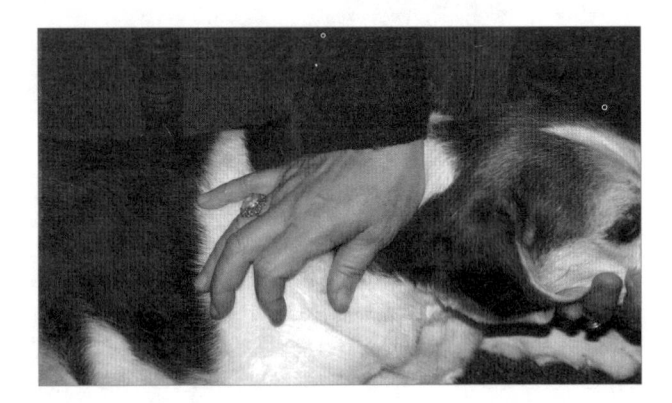

A partir da área do pescoço, mova-se lentamente em direção ao ombro. Use movimentos longos à medida que avança do pescoço em direção ao ombro. Comece com manobras leves e vá aumentando lentamente a pressão sobre o ombro com círculos e movimentos de amassar. Esta é uma grande área muscular e responde bem a uma pressão mais profunda do que outras áreas do corpo.

Mova-se em direção à área dianteira da caixa torácica usando movimentos semelhantes ao longo dos músculos do tórax. Alivie a pressão sobre o osso do tórax (esterno).

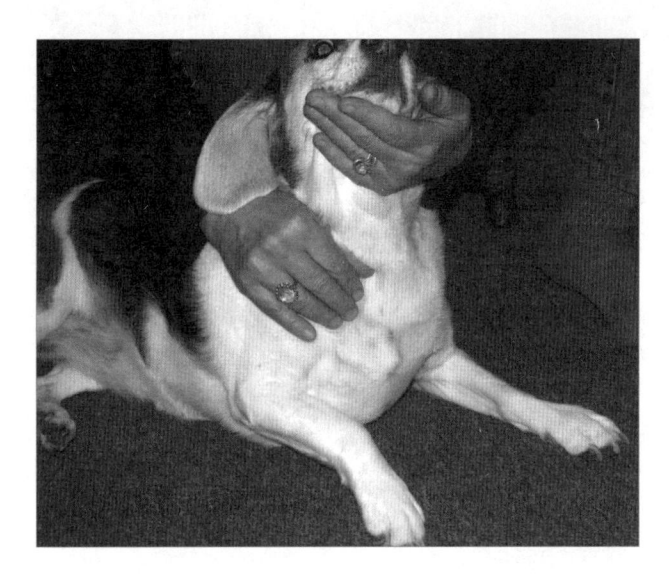

Utilize movimentos lentos e longos à medida que se move da área do ombro em direção ao cotovelo e ao membro dianteiro. Prossiga estes movimentos descendentes desde o ombro até ao membro dianteiro. Evite a pata se o seu cachorro é sensível quando toca nessa área. Pode usar movimentos MUITO suaves com os polegares ou círculos muito leves nas zonas musculares perto do cotovelo. Se o seu cachorro tem artrite no cotovelo faça uma imposição de mãos nessa área e massageie as zonas acima e abaixo da articulação.

Prossiga com movimentos descendentes pelo membro utilizando uma combinação de manobras rápidas com o polegar, manobras suaves de compressão e torção do músculo. Repita 3-4 vezes em cada membro.

Se o seu cachorro tolera massagem nas patas, aplique movimentos longos e suaves na porção superior da pata. Cada almofada pode ser suavemente comprimida e os dedos podem ser, um por um, gentilmente alongados e massageados.

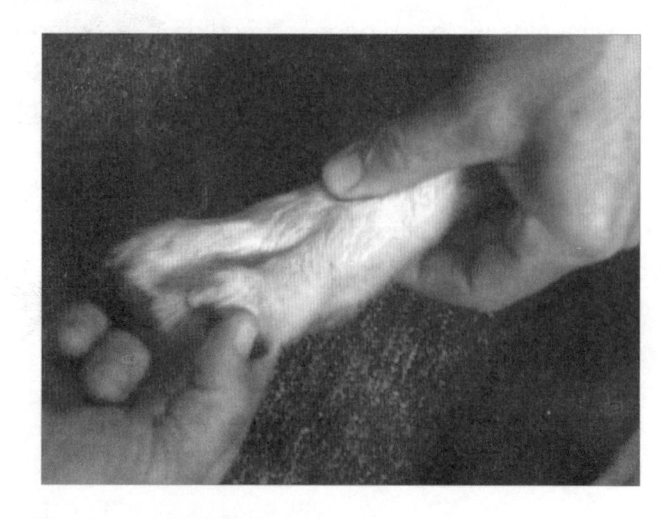

Alongamento do membro dianteiro com MASSAGEM

Alongamento do ombro

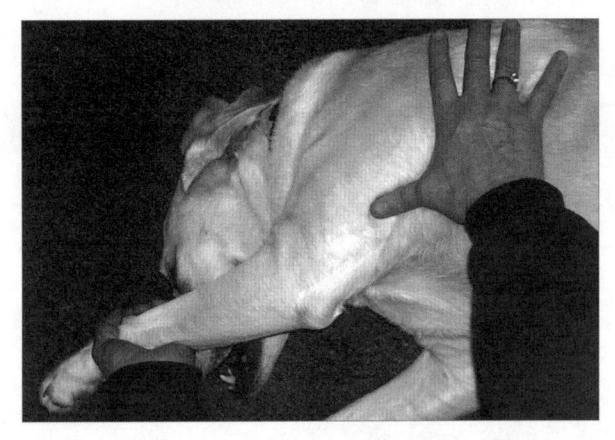

Com o membro dianteiro e o pescoço relaxados, você pode começar a distender o membro dianteiro num longo alongamento. Assim que sentir alguma resistência, PARE. Enquanto mantém o membro estirado durante 15-20 segundos, massageie as áreas musculares acima e atrás do cotovelo. Se o seu cachorro tentar escapar, pare imediatamente o alongamento. Quando o alongamento estiver completo, traga cuidadosamente o membro de volta à posição neutra.

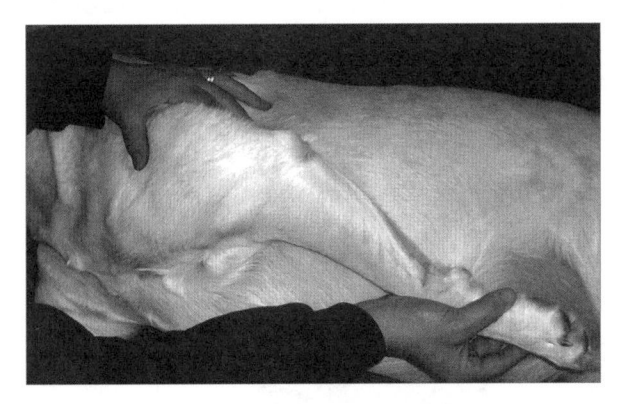

Siga para a área abaixo do joelho do membro dianteiro. Mova lentamente o membro para trás em direção ao membro traseiro. Isto ajuda a alongar a área dianteira do tórax. Assim que sentir qualquer resistência, PARE. Mantendo o estiramento durante 15-20 segundos, massageie os músculos do tórax (peitorais), assim como os músculos da parte superior e frontal do membro dianteiro. Assim que o estiramento estiver concluído, reponha o membro na posição neutra e aplique técnicas de massagem longas em todo o membro.

Alongamento do cotovelo

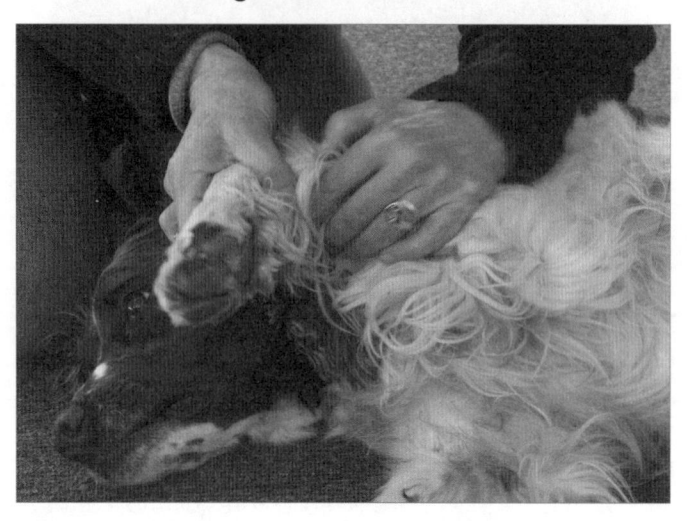

Em seguida, dobre o membro dianteiro pelo cotovelo e mova o pulso (carpo) em direção ao queixo e à orelha. Assim que sentir resistência, PARE. Mantenha o alongamento por 15-20 segundos. Se possível, com a mão livre, continue a massagear os músculos que estão sendo alongados. Logo que o alongamento estiver concluído, reponha o membro na posição neutra e aplique técnicas de massagem longas em todo o membro.

Alongamento do pulso (carpo)

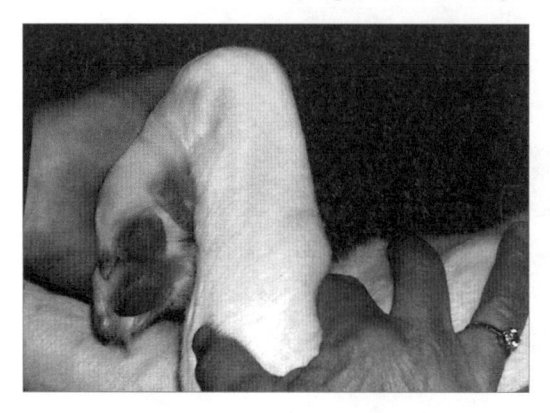

Execute um movimento longo e desloque-se para a área do pulso. Gentilmente, dobre a pata para baixo na área do pulso. O movimento deve ser de dobrar e fletir. Quando sentir resistência, PARE.

Enquanto mantém o alongamento por 15-20 segundos, massageie o lado de baixo do membro dianteiro. Reponha o membro na posição neutra.

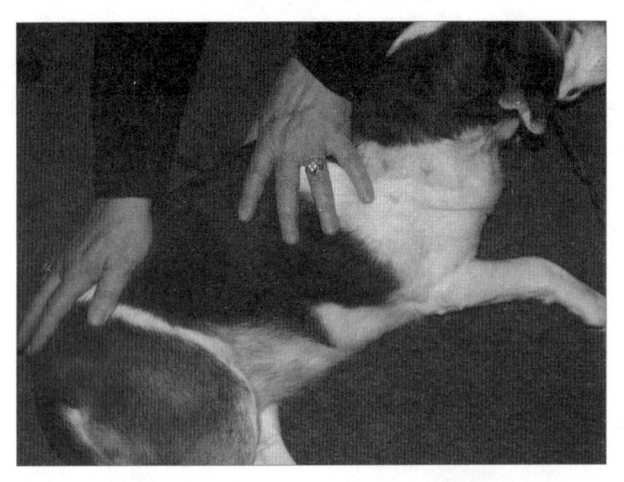

Comece pelo dorso

Aplique repetidamente movimentos longos e descendentes desde o ombro e membro dianteiro em direção à pata, depois regresse à parte superior do dorso. Neste ponto, inicie várias manobras longas mas firmes por ambos os lados da área traseira do pescoço em direção à cauda.

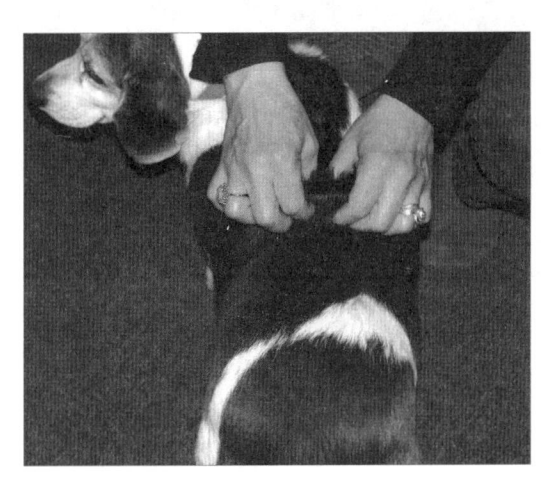

Comece nos ombros com as mãos em cada um dos lados da coluna vertebral e execute o "rolamento de pele" algumas vezes por todo o dorso em direção à cauda. Role a pele entre os dedos e os polegares, puxando a pele para cima com os dedos e avançando com os polegares.

Os seus dedos vão avançando e os polegares deslizam logo atrás deles. Esta manobra é divertida de fazer e o seu cachorro vai adorar!

Com as mãos em cada um dos lados da coluna vertebral, execute pequenos círculos com a ponta dos dedos, movimentando-se ao longo do dorso em direção à cauda. Evite a área óssea da coluna vertebral.

Prossiga pela coluna vertebral em direção aos ossos pélvicos e do sacro. Suavemente, faça vibrar a área sacral com os dedos durante 15--20 segundos. Termine no sacro com vários círculos no sentido horário e anti-horário, utilizando a ponta dos dedos para os movimentos leves e os polegares para os mais profundos. Para cachorros de grande porte, use toda a palma da mão.

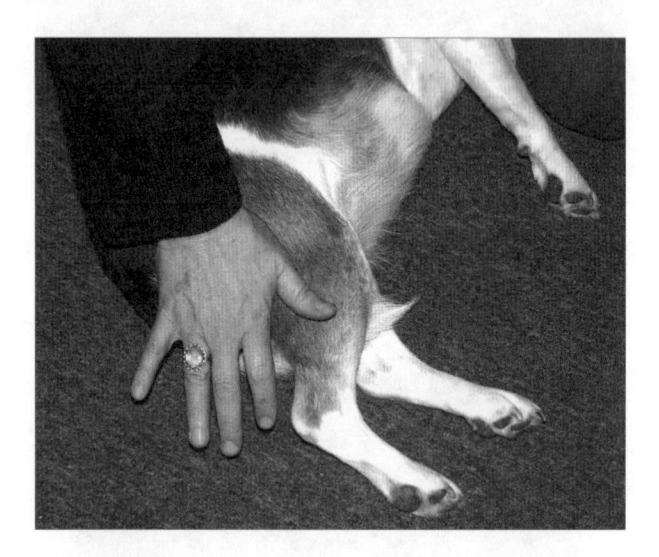

Massageie a área muscular em redor do quadril com movimentos circulares suaves. Prossiga do quadril em direção à coxa e às áreas superiores do membro. Na coxa, execute movimentos circulares profundos e compressão, usando a palma da mão para uma pressão em profundidade nestes grandes músculos do membro traseiro.

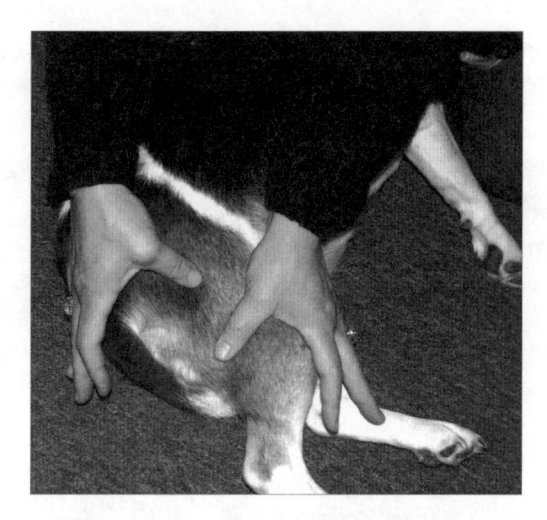

Prossiga em direção à área traseira da coxa. Aqui encontrará os músculos isquiotibiais. Execute movimentos largos e longos desde a pélvis até à perna. Inclua os músculos traseiros da área interior da coxa. Os movimentos rápidos dos polegares, tanto no sentido descendente como em direção ao exterior, também são relaxantes. Preste especial atenção a todas as áreas onde pareça existir deformação ou espessamento do músculo.

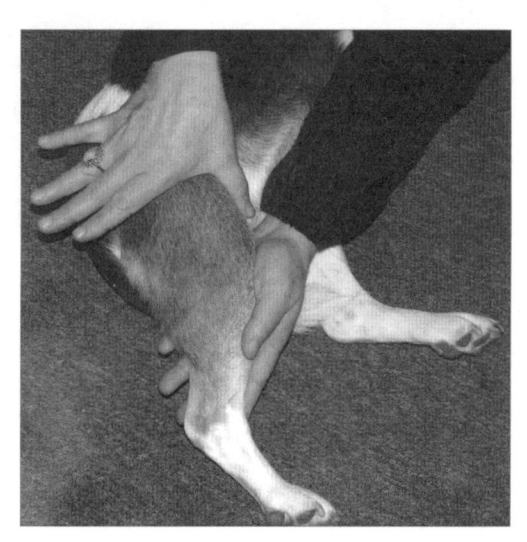

Utilize movimentos longos para seguir até à área abaixo do joelho em direção ao tornozelo (jarrete). Massageie a perna à frente e atrás. Continue a massagear a área apertando e comprimindo. Em seguida, siga para a pata traseira. Massageie a pata e os dedos.

Alongamento do membro traseiro com MASSAGEM

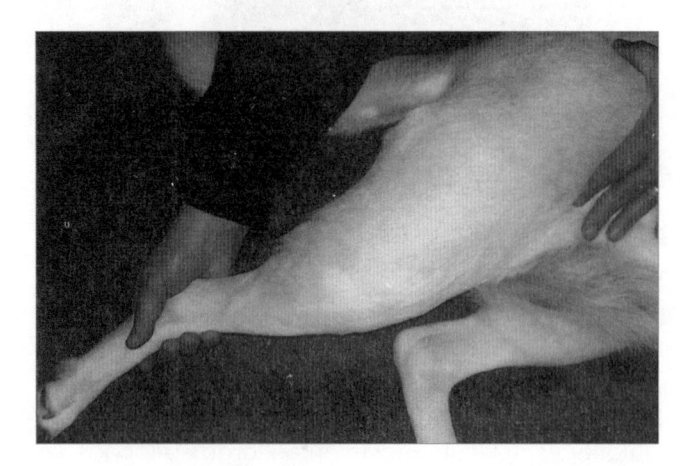

Lembre-se de continuar a massagear quando executar o estiramento de cada articulação dos membros traseiros. O alongamento deve ser parte integrante da massagem e não um componente separado.

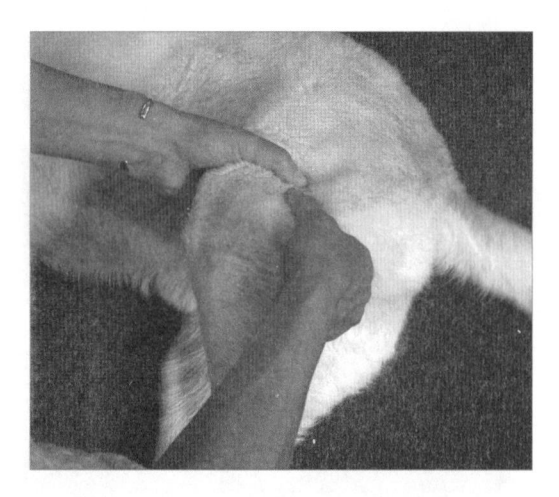

Segure cuidadosamente no membro traseiro pela área da coxa acima do joelho. Certifique-se de que mantém o membro paralelo ao membro oposto. Enquanto segura no membro, comece a movê-lo suavemente num pequeno padrão circular. Complete pelo menos cinco círculos em cada direção. Reponha o membro na posição normal.

Comece a usar manobras de massagem longas por toda a parte da frente da coxa, numa tentativa de conseguir a posição modificada do "alongamento do cachorrinho". À medida que o membro relaxa, estique-o suavemente para trás. Alongue apenas até sentir resistência e PARE. Mantenha o alongamento durante 15-20 segundos e devolva delicadamente o membro à posição neutra.

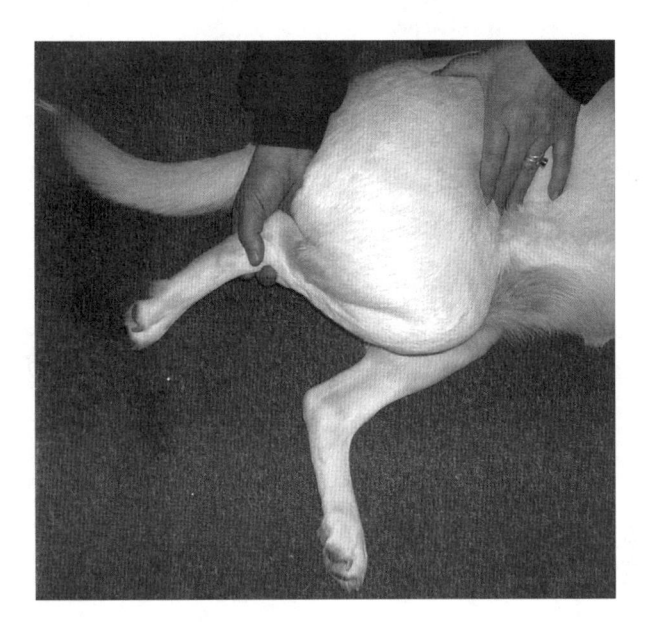

Alongamento do joelho

Flita gentilmente o joelho e comece a mover o osso do tornozelo (jarrete) em direção ao osso pélvico abaixo da cauda. Mova o membro lentamente enquanto massageia a área da coxa. Quando sentir resistência, PARE. Mantenha o alongamento por 15-20 segundos e suavemente reponha o membro numa posição neutra.

Alongamento do tornozelo (jarrete)

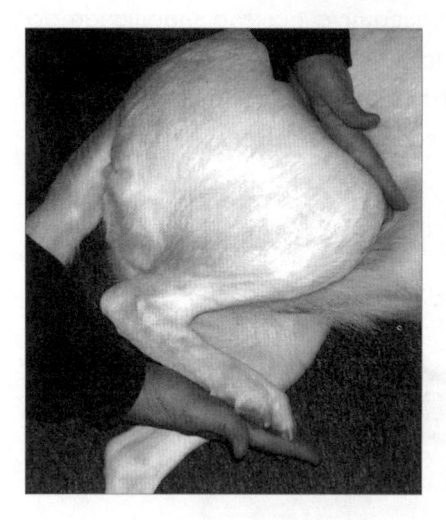

Com cuidado, segure o membro pela parte inferior com uma mão e a área do joelho com a outra. Lentamente, empurre o membro para cima de modo a movê-la em direção ao joelho. A mão que segura o joelho estabiliza o membro para que o joelho e a coxa não se afastem enquanto empurra a pata para cima durante o alongamento. Quando sentir resistência PARE e mantenha o alongamento por 15-20 segundos. Reponha o membro na posição neutra.

Alongamento da cauda com massagem

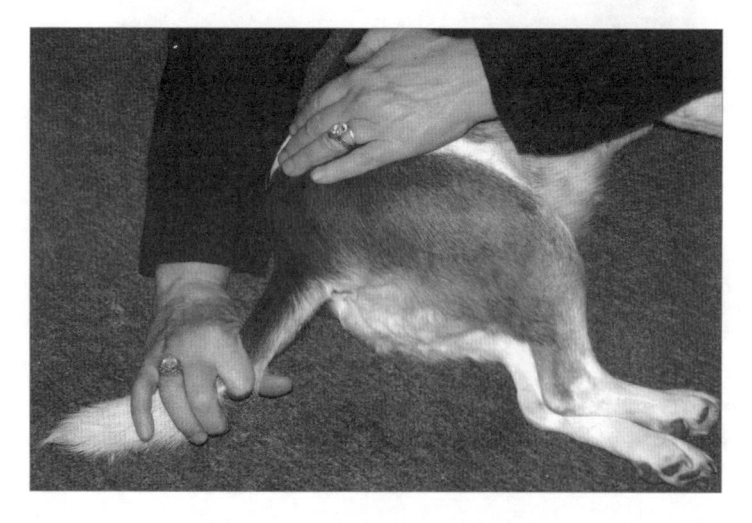

Cuidado: Se o seu cachorro não gosta de ser tocado na cauda, não tente este alongamento, pois isto iria anular o efeito relaxante da massagem. Em vez disso, execute uma imposição de mãos na base da cauda e na área do sacro.

Siga agora em direção à base da cauda. Repouse as mãos sobre o sacro inferior e na base da cauda. Em seguida, passe as mãos pela cauda em direção à ponta. Se o seu cachorro não tem cauda, demore algum tempo na base executando movimentos circulares e de balanço.

Cuidadosamente, massageie cada uma das vértebras da cauda a partir da base até à extremidade com um movimento de compressão suave. Regresse à base da cauda e comece a explorar cada uma das vértebras e o espaço entre elas com pequenos círculos e pancadinhas com o polegar. Coloque uma mão na base da cauda, a qual irá servir como apoio ou mão de contato. Com a outra mão segure a cauda a cerca de cinco centímetros a partir da base e comece a puxá-la de forma lenta e firme em oposição ao corpo do cachorro. Mantenha essa posição por 15-20 segundos e depois solte-a lentamente. Repita o alongamento da cauda 3-5 vezes. Reponha a cauda na posição neutra.

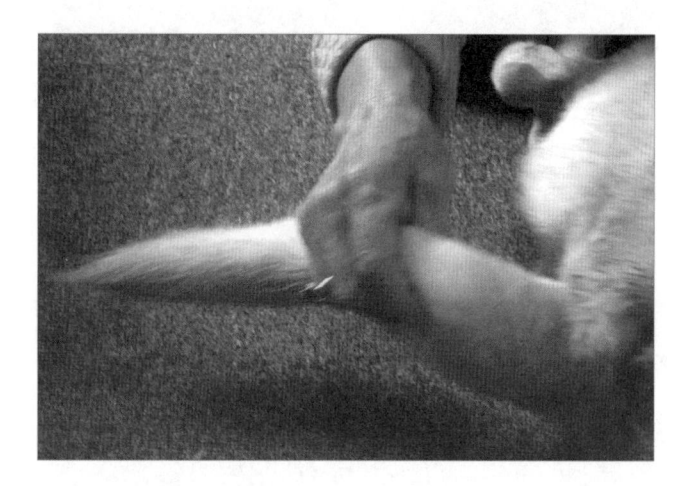

Em seguida, segure na cauda a aproximadamente 7-10 centímetros da sua base e execute círculos lentos. O movimento deve provir da base da cauda. Faça um círculo com a cauda 3-5 vezes em cada sentido. Após algumas sessões, a maioria dos cachorros adora a atenção dispensada à sua cauda e aprecia bastante os alongamentos.

O toque final

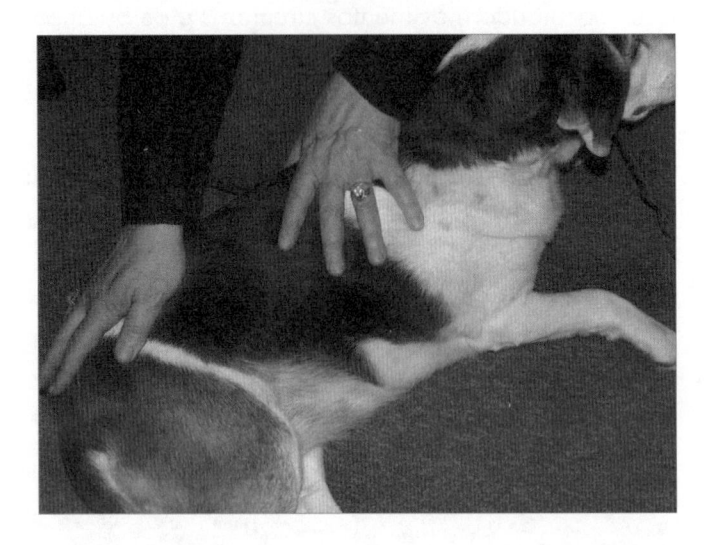

Regresse ao dorso executando movimentos suaves. Termine a massagem com uma das mãos atrás do pescoço e a outra na área do sacro, fazendo um movimento de balanço.

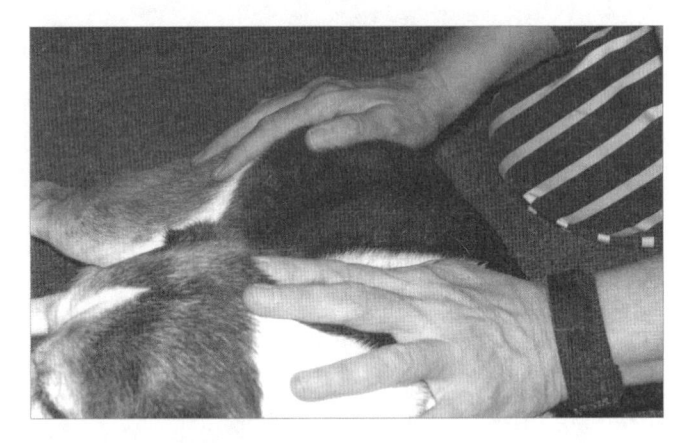

Nesta altura, talvez possa terminar com um beijo suave!

Resumo da sequência de MASSAGEM

A felicidade é um cachorrinho quente.
— Charles Shultz, *Peanuts*

1. Defina o tom.
2. Concentre a atenção no seu cachorro.
3. Fale suavemente e tenha pensamentos calmantes.
4. Coloque as mãos numa área que seja muito reconfortante para o seu cachorro.
5. Tire alguns momentos para massagear esta área.
6. Use movimentos longos e largos desde o pescoço, ao longo do dorso e até à base da cauda.
7. Massageie a cara dele.
8. Massageie a base das orelhas e ao longo da extremidade frontal das orelhas.
9. Puxe a orelha da base para a ponta, alongando-a ligeiramente para trás.
10. Massageie a parte superior do pescoço, comprimindo os músculos.
11. Massageie com movimentos longos do pescoço até ao ombro.
12. Massageie a área do tórax.
13. Aplique manobras de massagem longas e lentas do ombro até ao cotovelo do membro dianteiro.
14. Combine os movimentos de comprimir e torcer em direção à pata.
15. Alongue o membro dianteiro para frente e para trás.
16. Dobre o membro dianteiro pelo cotovelo e mova o pulso em direção ao queixo.
17. Dobre a pata da frente na área do pulso.
18. Aplique técnicas de massagem longas e firmes ao longo de cada um dos lados do dorso.

19. Execute "rolamento de pele" ao longo do dorso.
20. Aplique "vibração" no sacro, depois execute círculos no sentido horário e anti-horário.
21. Use movimentos circulares em torno dos quadris.
22. Aplique movimentos circulares profundos e compressões na coxa.
23. Massageie a parte de trás da coxa com os polegares, tanto no sentido descendente como para fora.
24. Massageie a perna com compressão e torção.
25. Massageie a pata e os dedos dos pés. Alongue os dedos.
26. Alongue o membro traseiro, o quadril, o joelho e o tornozelo.
27. Execute movimentos longos desde o quadril até ao topo da pata.
28. Massageie a cauda.
29. Alongue a cauda.
30. Termine com movimentos leves no dorso e balance levemente o sacro.
31. Não se esqueça do beijo!

7
PERGUNTAS FREQUENTES

O que um homem tem de melhor é o seu cão.
— PROVÉRBIO FRANCÊS

E se o cachorro não parar quieto durante a massagem?

É comum isto acontecer quando se inicia um programa de massagens num cachorro. É especialmente comum em cachorros com muita energia e de porte pequeno.

Se o seu cachorro se afastar e o deixar sozinho, isso simplesmente significa que a sessão de massagem terminou para ele. Comece no ritmo do animal com uma breve sessão até que ele se sinta mais confortável com o toque. Se ele se mover durante a sessão, mova-se junto com ele. Irá desenvolver mais confiança seguindo a liderança dele do que se tentar lhe impor o tempo de duração de uma sessão de massagem. Existem outros fatores a considerar.

1. Tenha em consideração o momento do dia. Para alguns cães de guarda, tais como os cachorros da montanha dos Pirenéus, o crepúsculo é o momento mais ativo. É o momento em que a vizinhança está mais ativa e que os predadores andam pelos bosques. É contra a natureza deles sossegarem ao anoitecer. Portanto, talvez este não seja o momento indicado para uma massagem.

2. Os cachorros, tal como as pessoas, necessitam da sua atenção total durante a massagem. Perturbações e conversas vão rapidamente terminar uma sessão. Lembre-se de definir o tom com a menor quantidade de distrações possível.

3. Os cachorros só podem lhe dizer se têm dores por meio da linguagem corporal e das ações. Se o seu cachorro está dolorido devido a uma lesão ou artrite, a massagem pode causar mais desconforto, por isso ele irá se afastar.

4. Se o toque for demasiado, profundo ou intenso, o seu cachorro pode igualmente afastar-se. Toque-o com mais suavidade.

O que é um ponto-gatilho?

Você pode já ter ouvido este termo. Um ponto-gatilho é uma deformação do tecido muscular, muitas vezes no abdômen ou no centro do músculo. A Dra. Janet Travell, pioneira em pontos-gatilho, no seu livro *Myofascial Pain and Dysfunctions*, define o ponto-gatilho como "um *locus* hiper-irritável dentro de uma faixa tensa do músculo-esquelético, localizado no tecido muscular e/ou na sua fáscia associada". Os pontos-gatilho são muitas vezes bastante moles. Pense nos pontos-gatilho como a energia que se torna congestionada ou confinada. Quando se encontram pontos-gatilho também se encontra muitas vezes tecido muscular encurtado devido ao uso excessivo ou a lesão. Muitas vezes, um ponto-gatilho não é a principal área de desconforto. Apesar de serem moles, eles são apenas uma indicação de dor numa localização próxima da área do ponto-gatilho.

Que sensação provoca um ponto-gatilho?

Os pontos-gatilho lembram a sensação de uma goma logo abaixo da pele. Também podem causar a sensação de fios, faixas ou cordas apertadas. Podem ser muito pequenos ou muito grandes. A maioria das pessoas já sentiu os seus próprios pontos-gatilho como um nó no pescoço ou na parte superior dos ombros depois de uma semana exaustiva. Você pode facilmente encontrar um ponto-gatilho no seu antebraço, logo abaixo da área frontal da articulação do cotovelo. Com o polegar, pressione ao longo do cotovelo e siga o músculo em direção ao pulso. Na parte mais larga do músculo, provavelmente vai sentir algum "ressalto" ou áreas mais espessas que são sensíveis ao toque. Estes são os pontos-gatilho.

Como encontrar um ponto-gatilho?

As áreas comuns para pontos-gatilho são o pescoço, a zona lombar, atrás das omoplatas e no centro de grandes áreas musculares de tensão como os ombros e os quadris. Inicialmente, encontrar pontos-gatilho enquanto aprende as técnicas de massagem pode ser um desafio. Com o tempo, à medida que vai massageando o seu cachorro com regularidade, vai começando a notar mudanças no tecido muscular ou um aumento de tensão muscular. Muitas vezes, essas mudanças visíveis são os pontos-gatilho. Quando estiver a massagear o seu cachorro, comece com movimentos de fricção suaves e largos para aquecer bem a área. Logo que a área esteja quente, concentre-se no ponto-gatilho, usando o polegar ou a palma da mão, com movimentos de compressão, especialmente na área dos quadris. Por vezes, os pontos-gatilho são libertados numa única sessão. Mais frequentemente, os pontos-gatilho demoram a desenvolver-se e é preciso paciência para os eliminar.

Como se distingue um ponto-gatilho de um tumor?

O tecido adiposo pode ocorrer em qualquer lugar do corpo de um cachorro e pode assemelhar-se a um ponto-gatilho. Os cachorros podem ter uma variedade de tumores de pele, tanto benignos como malignos (cancerosos). Se pensa que pode haver um tumor ou crescimento questionável, consulte o seu veterinário imediatamente.

Como posso saber se estou usando a técnica certa?

Não existem técnicas certas ou erradas. O elemento mais importante de qualquer massagem é a intenção do movimento aplicado e a ligação que acontece durante a massagem. Em geral, qualquer movimento que siga a direção do pelo é relaxante para o seu cachorro. Procure os sinais do seu cachorro. Em geral, o seu companheiro irá transmitir-lhe quando uma técnica não o faz sentir-se bem. Mais importante ainda, ele vai transmitir que você está fazendo a coisa certa pela forma como relaxa e suspira.

Pratique a respiração e o relaxamento para si mesmo enquanto massageia e se concentra no seu cachorro e nos sinais recebidos durante a massagem. Em geral, os problemas não têm a ver com a técnica certa mas com a pressão que aplica ou com o ritmo com que executa a massagem. Comece sempre com movimentos leves e vá adicionando pressão aos poucos. Mantenha os movimentos lentos, constantes e rítmicos. Lembre-se de manter uma das mãos fixas sobre o cachorro enquanto o massageia. A massagem proporciona uma influência calmante.

Alguma das técnicas descritas pode machucar?

Não. No entanto, muita pressão pode causar dor e desconforto, por isso lembre-se de usar movimentos leves e ir progredindo gradualmente para técnicas mais profundas ou firmes. Um ritmo inadequado fará com que o seu cachorro simplesmente se afaste.

Os alongamentos machucam?

Sim. Quando fizer alongamentos leve o membro apenas até ao primeiro ponto de resistência e PARE. Alongar para além do ponto de resistência pode resultar em lesões articulares. É igualmente importante manter o alongamento constante sem balançar, fazer vibrar ou forçar o membro. Um movimento lento, fácil e constante do membro de um cachorro até ao primeiro ponto de resistência não causa dano.

Como posso aprender a ser um massoterapeuta?

Ninguém conhece melhor o seu cachorro do que você que lida com ele diariamente. Isso faz com que você seja a melhor pessoa para lhe proporcionar uma massagem. Qualquer pessoa pode aprender as técnicas básicas de massagem.

Qual é a diferença entre massagear e afagar?

A principal diferença entre massagear e afagar é a intenção e o foco. Afagar é uma ação muitas vezes superficial e inconsciente, realizada enquanto assiste televisão ou conversa com os amigos. A massagem tem a intenção específica de relaxamento. Os músculos, o relaxamento e tudo o que está sentindo sob os seus dedos, sem nenhuma distração exterior, são o foco.

Para fazer uma boa massagem, é preciso lembrar os nomes dos músculos?

A massagem não tem a ver com os nomes dos músculos; tem a ver com intenção, foco e técnicas. Saber os nomes dos músculos é útil para conhecer as áreas de tensão e quando conversa com o seu veterinário ou outros profissionais de saúde.

Quanto tempo deve durar uma massagem?

A duração da massagem é particular. Os fatores que condicionam o tempo que o dono despende numa massagem são o tempo disponível, as dimensões do cachorro, a extensão de relaxamento do cachorro e o seu conforto pessoal durante a massagem. Em média, uma massagem dura entre 10 e 30 minutos. Se você vive com o seu cachorro, pode concentrar-se numa área por apenas alguns minutos ou demorar o tempo que quiser para massagear todo o corpo.

O que fazer quando o cachorro não gosta de ser tocado?

Os cachorros, como as pessoas, precisam aprender a ser tocados. Primeiro, comece por definir o ambiente como anteriormente mencionado. Enquanto o seu cachorro ainda está aprendendo sobre o toque da massagem, comece com sessões curtas de apenas alguns minutos. Existem aquelas áreas em que o seu cachorro gosta de ser tocado, como as orelhas e sob o queixo. Esses são bons lugares para começar. Deixe as áreas moles ou desconfortáveis para outra altura. Demore o tempo que for preciso para se dedicar a essas áreas, o que pode demorar entre alguns dias ou mesmo semanas. Por exemplo, muitos cachorros não gostam que lhes toquem nas patas. Não desanime. Seja paciente, tudo leva o seu tempo.

Devo virar o cachorro após massagear um dos lados?

De um modo geral, os cachorros de grande porte não devem ser voltados para o outro lado pois isso arruína o ambiente da massagem. Pode ser bom alternar os lados a massagear de uma sessão para outra. Há quem defenda que quando massageamos apenas um lado do corpo, o outro lado consegue aprender com isso e todo o corpo irá adquirir um equilíbrio. O benefício de massagear o seu cachorro é que você um dia pode massagear um lado do corpo e outro dia pode massagear o outro. Um cachorro pequeno pode receber uma massagem de corpo inteiro numa única sessão.

O que devo fazer quando o cachorro abocanha ou rosna durante a massagem?

Interromper a massagem imediatamente. Nunca se coloque em perigo. Normalmente, esta é uma indicação de dor ou desconforto. Ouça sempre e respeite aquilo que o seu cachorro está querendo lhe dizer.

Regra geral, o açaime ou outras restrições não são recomendados, pois a sua utilização vai contra a intenção de relaxamento e massagem. Se recomeçar, faça-o numa área onde sabe que o seu cachorro gosta de ser tocado.

É importante recordar a sequência de exercícios?

Sim e não. Os cachorros apreciam poucos desvios da sua rotina. O mesmo se aplica à sua rotina de massagem. Comece pela cabeça e cubra primeiro todo o corpo com movimentos amplos, depois com movimentos mais profundos e mais focados. Pode gravar a sequência num gravador para ouvir enquanto está aprendendo. Em algum momento, você vai conhecer a rotina e continuar a segui-la ou improvisar, você vai fazer a sua própria rotina baseada no temperamento do seu cachorro, bem como nos princípios deste guia. A sequência que deve utilizar é aquela em que você e o seu cachorro se sentem confortáveis. Isto permite criar uma zona de conforto para o seu cachorro antecipando toques e trabalho corporal. Além disso, assegura que todas as áreas do corpo sejam rotineiramente cobertas e que você pode relaxar quando oferece uma massagem.

Como posso saber se o cachorro está sentindo dor durante a massagem?

Ao contrário das pessoas, que conseguem expressar claramente quando estão sentindo dor, a maioria dos cachorros, devido ao instinto de sobrevivência primitivo, não expressa a dor abertamente. Os sinais de dor nos cachorros são muitas vezes mais sutis. Um cachorro pode indicar o que está sentindo pondo-se de pé e afastando-se, agindo de forma extremamente brincalhona, contraindo a pele, respirando de forma ofegante, ou olhando para você. Se algum destes sinais lhe escapou, o cachorro pode abocanhar o seu braço ou até mesmo morder. Quando vir algum destes sinais, abrande. Massageie a área mais dolorosa no final usando um toque leve ou uma imposição de mãos.

Como saber que pressão deve ser usada?

A pressão é uma experiência individual. Todavia, o seu cachorro não pode "lhe dizer" se você está aplicando pressão a mais ou a menos. Pratique as técnicas de massagem no seu próprio braço e irá sentir a diferença entre uma pressão leve e uma pressão forte.

Se aplicar demasiada pressão ao massagear o seu cachorro, ele provavelmente tentará escapar, pois a experiência não será agradável. Em geral, os cachorros pequenos toleram menos pressão do que os de grande porte. Encontrar a pressão certa para o seu animal requer prática. Comece com menos pressão e vá aumentando à medida que sentir que ele está confortável com o aumento. Lembre-se, a principal intenção da massagem é relaxar e desfrutar da experiência.

8
GRUPOS CANINOS MAIS COMUNS: ANTECEDENTES, ÁREAS DE TENSÃO E ONDE MASSAGEAR

*Ele é a própria fidelidade. Ensinou-me o significado da devoção.
A sua cabeça no meu joelho humano consegue curar todos os males humanos.*

— GENE HILL, "Tears and Laughter"

AO SOLUCIONAR OS PROBLEMAS DOS PONTOS-GATILHO ou áreas de energia congestionada, pense nas tendências naturais do seu cachorro, constituição, hábitos, atividades e ansiedades. Por exemplo, cachorros de membros traseiros e dianteiros curtos (denominado acondroplasia) foram criados seletivamente para serem anões. Estas raças apresentam os dorsos alongados, o que causa uma tensão significativa nesse local, especialmente na área lombar. Além disso, os membros dianteiros nestas espécies suportam 80% do peso total, em vez dos 60% de um cachorro normalmente proporcionado. Isto aumenta o risco de aparecerem fatores de tensão tais como artrite e hérnia de disco no dorso, bem como tensão nas articulações dos membros dianteiros e músculos.

É importante ter em conta a finalidade para a qual o seu cachorro foi criado. Este objetivo irá determinar a constituição e os hábitos naturais dele. Se o seu cachorro não agir em conformidade com a raça dele, estará mais propenso a lesões e caso não apresente uma raça definida, tenha em conta o corpo dele, o tipo e a origem.

Classificação dos grupos caninos

Os cachorros são classificados pelo American Kennel Club (AKC) numa variedade de categorias denominadas Grupos. No entanto, dentro destas categorias o objetivo da raça varia. Por exemplo, no Grupo dos cachorros de trabalho, o *Malamute-do-alasca* é utilizado para puxar trenós pesados e, portanto, necessita de patas traseiras musculosas, quadris fortes e ombros largos. Por outro lado, o *Akita*, que também pertence a este grupo, serve como cão de guarda. Desta forma, a postura de um *Akita* é muito ereta de sentinela. Esta postura de sentinela é muito imponente para alguém que ameace invadir os seus domínios.

Estas variações na postura criam diferentes áreas de tensão no corpo. Devido à sua estrutura, o *Malamute* é mais propenso a ter áreas de tensão e pontos-gatilho na área lombar do dorso, quadris, pescoço, pulso (carpo) e dígitos. O *Akita*, por ter membros traseiros e dianteiros retos, é mais propenso a problemas no joelho e no tornozelo (jarrete), bem como lesões no ombro. Isto é porque a postura ereta possibilita a existência de grandes forças concussionárias nas articulações do ombro.

Se estiver ciente das qualidades e pontos fortes da anatomia do seu cachorro, irá reconhecer mais facilmente quaisquer fraquezas do animal, e isto poderá ajudá-lo a prevenir lesões, não exigindo que ele realize atividades não adequadas à sua anatomia ou modificando as suas expectativas. Tome precauções extras ao realizar atividades que não são naturais para o seu cachorro ou quando ele está realizando atividades mais intensas e árduas que saem fora da sua rotina normal. Massagear e alongar antes e depois dessas atividades irá diminuir as possibilidades de lesão.

GRUPO DOS CÃES PASTORES

Raça	Hereditariedade / Propósito	Áreas de Tensão	Onde massagear
Cão pastor australiano	Perseguir e pastorear gado	Pescoço, tórax, coxas	Muito musculoso, use *pétrissage*, fricção, torção e rolamento de pele de forma profunda e intensa
Bearded Collie	Pastorear e guardar ovelhas	Pescoço, dorso (ligeiramente alongado), cauda	Puxar a cauda, *effleurage* longa pelo rolamento de pele, compressão no pescoço
Border Colli	Pastorear ovelhas, patos ou gansos	Pescoço, escápula, área lombar e tornozelo (jarrete)	Massagem no pescoço com movimentos profundos, manobras longas entre a escápula e em torno das extremidades, área lombar
Pastor de Brie	Pastoreio e guarda de ovelhas	Pescoço, dorso (ligeiramente longo), cauda	Puxar a cauda, longos movimentos de *effleurage* pelo dorso, rolamento da pele, compressão do pescoço
Collie	Pastoreio de ovelhas	Focinho, rosto, tórax, dorso, quadris	Relaxe os músculos faciais com movimentos circulares em torno do focinho, massagens profundas no tórax, *effleurage* no dorso, *pétrissage* nos quadris e coxas com alongamento suave
Corgi	Pastoreio de ovelhas e gado; afasta animais indesejáveis como raposas ou doninhas	Membros dianteiros, ombro, cotovelo, pulso (carpo), dorso, em especial a área lombar	Massagem nos músculos do ombro com movimentos profundos, círculos suaves no dorso, com foco especial na área lombar
Pastor inglês (bobtail)	Pastorear ovelhas e guardar a fazenda	Tórax, área lombar, quadris/coxas devido ao corpo curto e compacto, área lombar ligeiramente mais elevada que os ombros	Massagem profunda no tórax, *pétrissage* nas coxas, alongamento suave nos quadris com movimentos circulares curtos, massagem suave na área lombar

GRUPO DOS CÃES DE CAÇA

Raça	Hereditariedade / Propósito	Áreas de Tensão	Onde massagear
Galgo Afegão	Caçador à vista de caça grossa; também pode guardar ovelhas	Pescoço, face, dígitos, área lombar, cauda	Rolamento de pele no dorso, relaxamento dos músculos faciais, movimentos longos nas áreas dianteira e traseira, patas dianteiras, alongamento suave dos dedos, puxar a cauda
Basenji	Guia na floresta africana para alertar contra o perigo; caçador de caça miúda	Pescoço, ombros, membros traseiros (postura ereta), cauda	Técnica de amassar no pescoço, ombros e rolamento da pele, puxar a cauda
Basset	Caça de animais de covil como raposa, lebre, gambá	Dorso e membros dianteiros	Massagem profunda no pescoço, rolamento de pele e puxar a cauda
Beagle	Caça miúda, especialmente coelhos e codornizes	Pescoço, ombros, dorso e cauda	Massagem profunda no pescoço, rolamento de pele e puxar a cauda
Cão de Santo Humberto (Blood Hound)	Sabujo; trabalho de resgate (polícia/militares); desenterrar caça miúda	Pescoço, área lombar e cauda	Massagem profunda no pescoço, círculos, movimentos longos, rolamento de pele no dorso e puxar a cauda
Borzoi	Caçar coelhos e lobos; oriundo da Rússia (caçador à vista)	Tórax estreito e recolhido, dorso curvo, angulação profunda dos membros traseiros	Massagem profunda nos peitorais/tórax, movimentos longos e rolamento da pele no no dorso, massagem profunda nas coxas, quadris
Lebrel escocês (Deerhound)	Caçador de lobos e veados; oriundo da Escócia (caçador à vista)	Orelhas pequenas em forma de botão, dorso arqueado, cauda enfiada entre as patas traseiras	Círculos na base da orelha e puxões suaves das orelhas, rolamento de pele e movimentos longos no pescoço/área lombar, massagem na cauda, círculos e puxões
Foxhound	Caça à raposa com cavalos, caça de campo (sabujo)	Pescoço, patas dianteiras, cauda	Massagem profunda no pescoço, movimentos longos nos membros dianteiros e massagem no ombro, puxar a cauda

Greyhound	Raça antiga usada para todos os tipos de caça; corredor rápido (caçador à vista)	Pescoço arqueado até à área lombar, a cauda funciona como quilha, as orelhas dobram-se para o pescoço, grandes membros traseiros/coxas, lesões nos dígitos traseiros provocados pela corrida	Massagem profunda no pescoço, círculos na base da orelha, puxar orelha, massagem profunda nas coxas e dorso, parte inferior dos membros, massagem e puxão suave da cauda, massagear e alongar dígitos
Otter Hound (cão de lontra)	Usado para a caça às lontras	Cabeça grande, pés com membrana interdigital, cauda expressiva	Massagem na cabeça e na face, massagem nas patas e alongamento dos dedos, massagear e puxar a cauda
Whippet	Caçador de coelhos e ratos; grande velocidade, bom para competição de chamariz	Tórax profundo, abdómen recolhido e dorso arredondado, cauda recolhida entre as patas, lesões nos dígitos devido a corrida e viragem	Massagem profunda no tórax e ombros, movimentos longos e suaves a meio do dorso e área lombar, rolamento da pele, massagear/puxar a cauda, massagear/alongar pata/dedos

GRUPO SPORTING

Raça	Hereditariedade / Propósito	Áreas de Tensão	Onde massagear
Spaniel bretão	Caçar, assinalar e recuperar a caça	Pescoço, área lombar, cauda	Massagem profunda no pescoço, rolamento da pele ao longo do dorso, balançar os quadris, puxar a cauda com círculos e compressão ao longo da cauda
Cocker Spaniel	Caçador de pássaros e caça miúda	Pescoço, área lombar, quadris	Massagem profunda no pescoço, rolamento de pele pelo dorso, balançar os quadris
Chesapeake Bay Retriever	Caçador de pássaros; cão de água	Pescoço e ombros	Massagem profunda no pescoço e ombros
Clumber Spaniel	Caçador em planalto	Pescoço, dorso e patas dianteiras (dorso ligeiramente alongado e encorpado)	Massagem profunda no pescoço, rolamento da pele pelo dorso, pequenos círculos em cada um dos lados da coluna vertebral, massagem profunda nos ombros, *pétrissage* e círculos em torno da área do cotovelo, *effleurage* nos membros dianteiros
Pointers e Setters (inglês, irlandês, Gordon e alemão)	Caçador de aves e caça miúda, assinalando e marcando a caça	Pescoço, escápula, músculos da área lombar e cauda	Massagem profunda no pescoço, círculos em torno da escápula, movimentos profundos pelo dorso e puxar a cauda
Spaniels de tamanho médio (Springer, Field, alemão, galês)	Caçador de aves e animais, assinalando e marcando a caça	Pescoço, área lombar e quartos traseiros	Massagem profunda no pescoço, movimentos longos pelo dorso, massagem profunda nas coxas
Retrievers (Golden, Flat Coat)	Caçador de aves em planalto e na água	Ombros, dorso e quadris	Massagem profunda nos ombros, longos movimentos e rolamento de pele no dorso, alongamento do quadril

Retrievers (Labrador)	Caçador de aves na água e pântanos; puxar redes de pesca; exército/polícia para farejar; cão guia	Ombros, dorso e quadris	Massagem profunda nos ombros, longos movimentos e rolamento de pele no dorso, alongamento do quadril
Cão de água português	Trabalhava com os pescadores para puxar as redes de pesca	Patas dianteiras, área lombar	Movimentos longos pelas patas dianteiras, rolamento de pele no dorso e puxar a cauda
Weimaraner	Caçador de caça grossa e miúda	Patas dianteiras, dorso, quadris	Movimentos longos pelas patas dianteiras, rolamento de pele no dorso, círculos nos quadris

GRUPO DOS CÃES DE TRABALHO

Raça	Hereditariedade / Propósito	Áreas de Tensão	Onde massagear
Akita	Sentinela; guardião	Ombros, pescoço, cotovelos, joelhos, tornozelos (jarrete)	Amplitude do movimento suave e regular nas articulações, massagear a área dos ombros e dos cotovelos, pescoço e membros traseiros
Malamute-do-alasca	Puxar trenós pesados e carroças com carga (*mushing*)	Membros traseiros e área inferior do dorso (curto), ombros, pescoço, pulso (carpo) e dígitos em caso de *mushing* (termo genérico para um meio de transporte de tração canina)	*Pétrissage* profunda nos membros traseiros, área lombar, ombros, *pétrissage* no pescoço (em caso de *mushing*), pulso (carpo) e dígitos (em caso de *mushing*)
Boieiro de Berna	Cão de fazenda familiar; puxar carros; pastorear/guardar rebanhos	Dorso (levemente mais longo do que alto), membros traseiros/quadril (dorso curto), ombros e cotovelos	Círculos e manobras de *effleurage* no dorso, *pétrissage* profunda nos membros traseiros, ombros e cotovelo e rolamento de pele no dorso
Boxer	Caça, pesca; ativo nas forças policiais/ militares	Tórax, pescoço e membros traseiros	Movimentos profundos de *pétrissage*, muito musculoso
Doberman	Guarda ativo; forças militares/ policiais	Pescoço, dorso, membros traseiros	*Pétrissage* profunda
Pastor alemão	Ativo nas forças militares/policiais; pastorear/guiar ovelhas; cão de guarda	Área lombar, quadris, membros traseiros	Rolamento da pele e movimentos circulares pelo dorso, *pétrissage* profunda nos membros traseiros
Dogue alemão	Caça ao javali; cão de guarda	Membros traseiros, quadris, área lombar	*Pétrissage* profunda nos membros traseiros, rolamento de pele no dorso
Cão de montanha dos Pirenéus	Guardar ovelhas e cabras	Membros traseiros, quadris, joelhos e tornozelos (jarrete), esporões duplos, área lombar	*Pétrissage* profunda nas coxas e massagem suave com rolamento de pele na área lombar

Mastiff e tipos de Mastiff	Guardiões de propriedade e sentinelas	Patas dianteiras (levemente retas), tórax, pescoço e quartos traseiros	*Pétrissage* profunda (muito musculoso) no pescoço, tórax, ombros e membros traseiros
Terra Nova	Carregar peixe para o mercado; salva-vidas/nadador; puxar barcos; companheiro	Patas traseiras, quadris, área lombar, ombros, cotovelos	*Pétrissage* profunda nas coxas, massagem com círculos e rolamento de pele no dorso e cotovelos
Rottweiler	Cão de guarda para o gado de abate; forças militarizadas/policiais; pastorear gado; puxar carroças	Pescoço, quadris, membros traseiros, ombros (se puxar carroças)	*Pétrissage* profunda no pescoço, membros traseiros e ombros
São Bernardo	Salvamento humano	Pescoço, ombros, quadris e área lombar	*Pétrissage* profunda nas coxas, massagem com círculos e rolamento de pele no dorso
Samoiedo	Pastorear renas; puxar trenós leves	Dorso e membros traseiros	Rolamento de pele e movimentos longos no dorso, massagem profunda nas coxas e movimentos longos nos membros traseiros
Shiba Inu	Localizar/caçar caça miúda	Ombros, pescoço, joelhos, tornozelos (jarrete) (postura ereta)	Massagem profunda nos ombros e pescoço

GRUPO NON-SPORTING

Raça	Hereditariedade / Propósito	Áreas de Tensão	Onde massagear
Buldogue	Símbolo nacional da Grã-Bretanha; cão utilizado em combates contra os touros através de uma criação seletiva; cães de companhia afetuosos	Robusto, baixo e membros encurvados, focinho curto	Massagem profunda no pescoço, ombros e coxas, alongamento dos membros dianteiros e círculos suaves na face e cotovelos
Chow Chow	Cão de guarda; cão de trenó; caçador	Ombros e membros traseiros retos, com postura ereta e língua roxa	Alongamento dos membros dianteiros e traseiros, massagem profunda nos ombros
Dálmata	Cão de guarda das carruagens e cães de transporte; sentinela militar; pastores; caçadores de aves e ratos	Cão rápido e forte com dorso potente e ligeiramente arqueado, ombros musculosos e pescoço comprido	Massagens profundas no pescoço e dorso, alongamento dos membros dianteiros e traseiros
Buldogue francês	Gerado inicialmente para combate; atualmente são cães de companhia	Corpo curto com o dorso levemente arredondado, tórax profundo, orelhas grandes tipo morcego	Movimentos circulares na base das orelhas, rolamento de pele e longas massagens na área lombar, massagem profunda no tórax
Spitz finlandês	Caçador de ursos, alces e aves; possivelmente faz trabalho de puxar trenós	Tórax profundo, abdômen retraído, cauda ondulada	Massagem profunda no tórax, rolamento de pele e movimentos circulares na base da cauda
Keeshond	Puxador de trenós; companheiro nas barcas holandesas; principalmente cão de companhia	Corpo curto e compacto, cauda enrolada	Movimentos circulares e rolamento de pele na área lombar, massagem profunda nas coxas, círculos na base da cauda

Poodle, três tamanhos: médio, miniatura, toy	Caçador (recuperar da água); oriundo da Alemanha; popular na aristocracia europeia; cão de companhia	Construção quadrada, dorso curto, tórax profundo	Médio: massagem profunda no tórax e rolamento de pele no dorso. Miniatura: pescoço, ombros, membros traseiros e área lombar, massagem profunda nas coxas e ombros. Toy: pescoço e patas traseiras, massagem profunda nas coxas e ombros.
Schnauzer, três tamanhos: gigante, médio, toy	Caçador de ratos, doninhas e aves aquáticas; cão de guarda; boieiro; cão polícia; cão de companhia	Musculoso e de construção quadrada	Gigante: massagem profunda no pescoço, ombros e coxas. Médio: rolamento de pele no dorso e massagem profunda nas coxas. Toy: massagem profunda nas coxas.
Shar Pei	Proveniente da China; cão de guarda do gado; caçador; cão de companhia	Dorso curto ligeiramente côncavo, muitas rugas, ombros e patas traseiras retos	Massagem profunda no pescoço, rolamento de pele na área central do dorso e área lombar, massagem na face, boca, massagem profunda nos ombros e coxas

GRUPO DOS TERRIER

Raça	Hereditariedade / Propósito	Áreas de Tensão	Onde massagear
Airedale (o maior dos Terrier)	Caçador de aves e lontras	Pescoço, área lombar e base da cauda	Massagem profunda no pescoço, rolamento de pele na área lombar, círculos suaves na base da cauda e puxar a cauda
American Staffordshire Terrier (tipos de Pitbull)	Cão de guarda, cão de combate nos anos 1800 e atualmente cão familiar	Muito musculoso, os grandes grupos musculares podem tornar-se muito tensos	Massagem muito profunda, amassamento, compressão, percussão no pescoço, ombros e coxas, rolamento de pele no dorso
Boston Terrier	Caçador de insetos nos túneis de Boston; atualmente é cão de companhia	Pescoço, ombros, área lombar	Massagem profunda no pescoço e ombros, rolamento de pele no dorso, manobras de effleurage longas no dorso
Bull Terrier	Cão de combate na época vitoriana, atualmente é cão de companhia	Muito musculoso; os grandes grupos de músculos podem tornar-se muito tensos, joelhos e quadris; orelhas eretas expressivas	Massagem muito profunda no pescoço, ombros, coxas e quadris, movimentos suaves circulares na base das orelhas
Cairn Terrier	Conhecido do Feiticeiro de Oz (Toto), caçador de bicharocos nos montes de pedras (Cairn) da Escócia	Cauda ereta, face e orelhas expressivas	Círculos suaves e rolamento de pele na base da cauda e área lombar, puxões na cauda, círculos suaves na face/boca e base das orelhas
Fox Terrier (pelo liso ou enrolado)	Caçador de raposas	Corpo compacto e musculoso, ombros, pescoço e base da cauda	Massagem profunda no pescoço e ombros, puxões e movimentos circulares na cauda
Terrier Irlandês	Cão de trabalho da fazenda e cão de guarda; proveniente da Irlanda; caçador de aves aquáticas e ratos; companheiro	Membros dianteiros retos e ombros musculosos	Massagem profunda no pescoço e ombros

Kerry Blue Terrier	Trabalhador de quinta; cão de guarda de manadas e rebanhos; cooperação com a polícia; cão nacional da Irlanda	Pescoço e cabeça longos, ombros musculosos, cauda ereta	Massagem facial, massagem profunda no pescoço e ombros, movimentos circulares na cauda
Norfolk Terrier e Norwich Terrier	Caçadores de raposas e coelhos; energéticos; cães de companhia	Constituição baixa, compacta e muscular, área lombar, coxas, ombros e cauda	Massagem profunda nas coxas e ombros, rolamento de pele no dorso e movimentos circulares na base da cauda, puxões na cauda
Terrier escocês	Caçador de animais de covil (raposas, texugos e coelhos). Oriundo da Escócia, cão de companhia	Dorso comprido, cauda espessa, membros curtos	Rolamento de pele em todo o dorso e movimentos de *effleurage*, pequenos movimentos circulares na base da cauda e puxões de cauda suaves
Sealyham Terrier	Caçador de animais de covil. Oriundo da Inglaterra; cão de companhia	Semelhante ao Terrier escocês; dorso comprido, cauda espessa, membros curtos	Rolamento de pele em todo o dorso e movimentos de *effleurage*, pequenos movimentos circulares na base da cauda e puxões de cauda suaves
Welsh Terrier	Caçador de animais de covil; trabalhou como cão de caça em matilha; cão de companhia	Similar ao Airedale Terrier; pescoço, área lombar e base da cauda	Massagem profunda do pescoço, rolamento de pele na área lombar, círculos suaves na base da cauda e puxões na cauda
West Highland Terrier	Caçador de animais pequenos de covil; atualmente é cão de companhia	Dorso comprido, cauda ereta, membros curtos	Rolamento de pele no dorso, puxões na cauda, movimentos circulares na cauda

GRUPO DOS CÃES DE COMPANHIA

Raça	Hereditariedade / Propósito	Áreas de Tensão	Onde massagear
Bichon Frisé	Amoroso, divertido, feliz; participava em circos e espetáculos	Pode ter problemas de quadris ou joelhos, área lombar	Rolamento de pele, massagem profunda nas coxas
Brussels Griffon	Caçador de ratos em celeiros	Tórax amplo, fronte reta, focinho/mandíbula largos	Tórax, cotovelos/ombros, rosto, mandíbula
Cavalier King Charles Spaniel	Caçador de aves e caça miúda; mantido em casa pelos reis ingleses para diversão	Dorso reto	Área central do dorso e área lombar
Chihuahua	A raça mais pequena; objeto religioso dos índios mexicanos	Focinho e face curtos, dorso reto, orelhas vistosas	Manter quente durante a massagem, movimentos leves na face e focinho, rolamento de pele no dorso e puxar as orelhas
Galguinho italiano	Pertencia à realeza europeia, especialmente na Itália	Esguio, dorso curvado com cauda recolhida entre as patas traseiras, tórax estreito, membros retos, arrefece facilmente	Rolamento de pele no dorso, massagem profunda na área dos quadris, manter quente durante massagem
Lhasa Apso	Cão de guarda nos mosteiros tibetanos	Dorso ligeiramente alongado	Rolamento de pele e movimentos longos no dorso
Maltês	Cão de estimação e companheiro dos membros da corte	Dorso nivelado e corpo curto	Rolamento de pele e movimentos longos no dorso
Spaniel anão continental	Cão de estimação dos membros da corte francesa	O comprimento de corpo excede levemente a altura, excelente relação altura/peso, pernas esguias, cauda elevada	Movimentos longos nos membros dianteiros e traseiros, rolamento de pele e movimentos longos no dorso

GRUPO DOS CÃES DE COMPANHIA

Raça	Hereditariedade / Propósito	Áreas de Tensão	Onde massagear
Pequinês	Cão sagrado da Dinastia Tang	Membros dianteiros levemente curvados, cauda elevada, focinho curto	Massagear a face, especialmente em volta da boca, massagem profunda nos ombros e patas dianteiras, rolamento de pele na área lombar
Lulu da Pomerânia	Companheiro	Corpo curto, cauda elevada	Rolamento de pele e movimentos longos no dorso
Pug	Cão de estimação dos monges tibetanos que mais tarde se tornou popular na Holanda e nos EUA como cão de companhia	Focinho curto, quartos traseiros musculados, cauda enrolada	Massagem em especial no focinho, massagem profunda nas coxas, círculos na base da cauda
ShihTzu	Companheiro na corte chinesa e Tibete	O comprimento de corpo é maior que a altura, tórax profundo	Rolamento de pele no dorso, alongar suavemente os dedos, massagear as patas
Yorkshire Terrier	Inglaterra vitoriana; possivelmente tem história de caçador de ratos, mas é principalmente um cão de companhia	Área lombar	Movimentos longos no pescoço até à área lombar

EXERCÍCIOS

1. Com que finalidade o seu cachorro foi criado (caçar, pastorear, cão de guarda, etc.)? Se ele é de uma raça mista, consegue destacar uma ou duas raças com as quais ele se identifique mais? Se não estiver bem certo, pesquise um livro sobre cães ou consulte a Internet sobre a raça do seu cachorro para saber mais sobre a sua história.

2. Que coisas engraçadas o seu cachorro gosta de fazer (perseguir bolas, ladrar, correr, guardar rebanhos) que tenham a ver com a raça dele?

3. Repare nos traços gerais da personalidade do seu cachorro (por exemplo, se é ele ansioso, se tem demasiada energia, se é ajuizado) e se isso teria ajudado ou prejudicado de alguma forma o propósito das funções destinadas à sua raça.

NOTAS

GLOSSÁRIO

Oferecemos aos cães o que sobra do nosso tempo, do nosso espaço e do nosso amor. Em troca, os cães entregam-se por inteiro. É o melhor negócio jamais feito pelo homem.

— M. Acklam

Acondroplasia: Membros curtos (anão).

Aderências: Bandas de tecido fibroso anormalmente unidas que muitas vezes resultam de uma inflamação.

Agilidade: Esporte de desempenho através do qual os cachorros interagem em alta velocidade e encontram obstáculos.

Agitar: Manobra de vibração que trabalha com grupos musculares em vez de um único músculo para facilitar o relaxamento.

Amassar: Pressionar, esfregar ou apertar o tecido muscular na massagem, uma manobra de *pétrissage*.

Anatomia: Estrutura de um organismo ou corpo que inclui músculos, ossos, órgãos e vasos sanguíneos.

Antebraço: Parte do membro dianteiro situada entre o cotovelo e o pulso.

Atrofia: Desperdício de tecido muscular.

Balançar: Movimento rítmico para um lado e para o outro para acalmar.

Carpo: Ossos do pulso.

Cartilagem: Tecido resistente e elástico.

Compressão: Na massagem, o uso da mão, polegar ou cotovelo para pressionar o tecido muscular para libertar rigidez ou espasmos.

Conformação: Semelhanças e disposição das partes do corpo de acordo com um padrão.

Digitígrado: Caminhar sobre os dedos do pé sem que os calcanhares toquem o solo, como fazem os cachorros, os gatos e os cavalos.

Dígitos: Dedos dos pés ou das mãos.

Displasia coxofemoral canina (DAC): Malformação da articulação do quadril comum em cachorros de grande porte, de crescimento rápido.

Effleurage: Técnica de massagem que utiliza movimentos longos que seguem o comprimento do tecido muscular ou a parte do corpo desde o pescoço até à cauda. Estes movimentos são relaxantes e também são usados como forma de transição de uma parte do corpo para outra.

Escápula: Ossos triangulares do ombro denominados frequentemente como omoplata ou ossos da asa em ambos os lados da parte superior das costas.

Estresse: Tensão, pressão, urgência ou força mental, física ou emocional.

Fêmur: Osso longo que vai do quadril até o joelho.

Fricção: Uma manobra de *pétrissage* que envolve esfregar ou movimentos curtos e rápidos, tal como amassar ou movimentos curtos alternados com o polegar, quer ao longo ou através das fibras musculares.

Geriátrico: Envelhecido.

Imposição de mãos: Pousar as mãos numa parte do corpo para curar ou relaxar.

Isquiotibiais: Grupo de três músculos na parte de trás do fêmur desde o quadril até ao joelho que alonga a articulação do quadril.

Jarrete: Articulação do tornozelo no membro traseiro (perna).

Ligamento cruzado: Faixa em forma de cruz de tecido resistente que liga os ossos no joelho. Nos cachorros, existe o ligamento cruzado caudal e o ligamento cruzado cranial que liga o fêmur (osso da coxa) à tíbia (maior osso da perna). A rutura ou rasgão dos ligamentos cruzados é uma das principais causas de claudicação do membro traseiro.

Ligamento nucal: Ligamento de grandes dimensões na nuca ou atrás do pescoço.

Ligamentos: Faixa de tecido resistente que faz a ligação entre os ossos.

Linguagem corporal: Movimentos corporais, gestos, expressões faciais que expressam a comunicação não-verbal.

Massagem: Manobra que consiste em esfregar, comprimir ou amassar o tecido mole ou os músculos do corpo com intenção de relaxar, estimular a circulação e/ou tornar os músculos ou articulações flexíveis e resilientes.

Medicina oriental: Práticas de saúde da China e do Oriente que incluem acupuntura, ervas e *tui* na massagem para prevenção e cura de doenças.

Membro dianteiro: Membro da frente, tal como o braço ou uma pata dianteira.

Membros posteriores: Membro traseiro ou perna.

Músculos peitorais: Músculos do tórax situados entre as patas dianteiras e abaixo do pescoço.

Percussão: Tocar ou bater com as mãos ou pontas dos dedos nas grandes áreas musculares como os quadris e os músculos do ombro, adequado para cachorros de grande porte.

Pétrissage: Técnica de massagem que inclui amassar, comprimir, apertar, torcer e rolamento de pele para melhorar a circulação, eliminar toxinas e relaxar.

Pontos-gatilho: Amontoado de tecido muscular em resposta ao uso excessivo, uso repetitivo ou lesão, que muitas vezes causa dor ou desconforto (por exemplo, os pontos-gatilho encontrados no trapézio podem causar dor no pescoço); os pontos-gatilho causam uma sensação de rigidez ou nó no tecido muscular.

Propriocepção: Capacidade inata do organismo de perceber a si mesmo no espaço e que nos permite saltar sobre os objetos, caminhar em redor do mobiliário sem colidir com os objetos.

Quadríceps: Grupo de quatro músculos que formam a parte anterior da coxa.

Ranilha: Parte distal do pé ou pata que inclui o metacarpo e o metatarso.

Resposta de relaxamento: Capacidade de aprender a relaxar e responder aos sinais de relaxamento, tais como massagem, aromas, música.

Rolamento da pele: Forma de amassar que levanta a pele, a fim de suavizar e aquecer a fáscia superficial.

Sartório: Músculo estreito da coxa que ajuda a distender e a fletir o joelho.

Sistema Nervoso Autônomo: Divisões do Sistema Nervoso Simpático e Parassimpático que controlam as funções do coração, pulmões, intestinos, glândulas, músculos lisos, vasos sanguíneos e fluxo linfático do corpo.

Tapotement: Técnica de massagem que envolve dar pancadinhas ou movimentos de percussão com as pontas dos dedos ou mãos.

Torcer: Técnica realizada com as duas mãos nos membros anteriores ou posteriores que se assemelha ao torcer de uma toalha molhada.

Trapézio: Músculo superficial do pescoço e da parte superior das costas de forma triangular.

Tui Na: Prática de massagem na medicina chinesa.

Úmero: Osso do braço (membro dianteiro) que se estende desde o ombro até ao cotovelo.

Vértebra: Qualquer um dos ossos individuais ou segmentos da coluna vertebral; nos cachorros existem sete vértebras cervicais (pescoço), treze torácicas (a meio da costas), sete lombares (lombalgia), três sacrais (fundidas na parte superior da anca) e vinte (mais ou menos) caudais ou coccígeas que compõem a cauda.

Vértebras cervicais: Ossos da coluna vertebral do pescoço.

Vibração: Movimento para trás e para a frente, tal como agitar, tremer ou balançar; técnica utilizada em massagem para induzir um músculo a relaxar.

SOBRE AS AUTORAS
Linda Jackson

Um cão agita a cauda com o coração. MARTIN BUXBAUM

Comecei a minha carreira como massagista na década de 1970 no Kripalu Center, em Lenox, Massachusetts. Como membro fundador do Centro Kripalu, colaborei com Yog Amrit Desai na escrita e edição do livro original *Kripalu Yoga: Meditation in Motion*. Neste centro desenvolvi programas de massagem, meditação, yoga e vida saudável. Durante os catorze anos de estadia ministrei programas de fim-de-semana e formações com a duração de um mês para centenas de pessoas. Também viajei para ensinar massagem e yoga em centros de Kripalu pelos Estados Unidos. A minha prática privada começou com massagem, trabalho de respiração, yoga e relaxamento. Na década de 1990 adicionei acupuntura e fitoterapia.

Tirei dois mestrados, um em Medicina Oriental e outro em Educação. Para além de fornecer serviços no meu consultório particular em Great Barrington, Massachusetts, continuo a lecionar massagem e assuntos relacionados em Kripalu Center e Berkshire Community College. Em 2001, frequentei a New England School of Acupuncture durante um ano para estudar cuidados holísticos com os animais. Agora que tenho certificação em Cuidado Holístico Animal, presto serviços de massagem, acupuntura e fitoterapia tanto para os meus clientes humanos como para os caninos.

Em 1993, adquiri o meu primeiro cão, um Shiba Inu. Gypsy era a cria mais pequenina da ninhada. Era pequena e muito nervosa e vivia na cidade de Portland, Oregon. A minha filha e eu trabalhámos com ela diariamente para a ajudar a se adaptar à transição do canil para a vida agitada da cidade. Tentámos de tudo, desde guloseimas a transportá-la em braços para o quintal para fazer exercício e as necessidades fisiológicas. Durante semanas, Gypsy ficava parada tremendo. Quando a levávamos a qualquer lugar de carro, ela urinava imediatamente no assento.

Na época, eu já era massagista há mais de 15 anos e sabia como a massagem ajudava as pessoas a relaxar. Decidi tentar as mesmas técnicas e princípios com a Gypsy. Quando a massageava, concentrava-me na minha própria respiração e relaxamento, tal como faço quando massageio os clientes. Eu a massageava sempre que podia. Aos poucos, ela começou a relaxar. Ao longo de várias semanas, os seus tremores diminuíram e ela conseguiu começar a caminhar pelas ruas da cidade com mais facilidade. Embora nunca tenha conseguido ajustar-se totalmente à vida da cidade e agora esteja muito feliz por viver no campo, ela continua a adorar ser massageada.

Gypsy, assim como os outros dois Shiba da nossa matilha, Romeo e Sachi, continuam a receber e a beneficiar de massagem regular. A verdade é que os meus cachorros não sabem o que é serem afagados porque todos os toques se convertem em massagem. Os meus cachorros continuam me ensinando sobre temperamento, técnicas, *timing*, ambiente e aromas, bem como quando, ou onde, fazer alongamentos. Desfrutamos de longas caminhadas pelos bosques que rodeiam a nossa casa e à noite enroscamo-nos com um livro ou um filme. Ter cachorros é uma parte integrante da minha vida, por isso era natural que eles viessem a beneficiar da minha formação e experiência em massagem e acupuntura. Agora, e tal como eu, todos os meus animais desfrutam regularmente de massagens, acupuntura e ervas para a saúde e o bem-estar. Como resultado, estamos todos saudáveis e desfrutamos de uma vida ativa. Devo ainda acrescentar que existe um gato na nossa casa.

Conheci Jody Chiquoine no início do ano 2000, quando ela veio ao meu encontro em busca de alívio para uma dor que teve durante anos como resultado de uma lesão grave. Logo depois de terminado o tratamento, descobrimos o nosso amor mútuo pelos cães. A nossa amizade consolidou-se quando começámos a desenvolver e a ministrar cursos de massagem canina para proprietários de cachorros. Escrever este livro foi o resultado natural das nossas aulas. A minha esperança é que este livro o ajude a descobrir o seu amor por massagear o seu cachorro e aprofunde o vínculo que já tem com o seu companheiro canino!

Jody Chiquoine

Se não tem um cão, pelo menos um, não há necessariamente nada de errado consigo, mas pode haver algo de errado com a sua vida. ROGER CARAS

Em 1999 iniciei a Fitter Critters, uma clínica de reabilitação e hidroterapia para cachorros com uma piscina interior. Sou formada em Terapia de Reabilitação Canina e frequentei os programas de ciência básica para fisioterapeutas animais patrocinados pela divisão ortopédica da American Physical Therapy Association. Além disso, frequento cursos internacionais de reabilitação canina e trabalho com questões de medicina esportiva canina, incluindo análise comportamental. Sou também membro da American Canine Sports Medicine Association e formada em massagem canina.

A miríade de programas de terapia existentes na minha clínica ajudam a apoiar as crescentes necessidades tanto dos cachorros que vivem com famílias como cachorros de trabalho a seguir a uma doença, lesão ou cirurgia. No meu trabalho, o condicionamento, os programas de *cross-training, fitness* e perda de peso também são projetados e disponibilizados individualmente. Trabalho em estreita colaboração com todos os meus clientes e os seus veterinários para proporcionar aos cachorros uma reabilitação abrangente e topo de gama. Há 35 anos que sou enfermeira de profissão, com Mestrado em Enfermagem em Medicina Familiar. Esta profissão proporcionou-me uma extensa experiência clínica em reabilitação, cirurgia, tratamento do câncer e geriatria.

Além disso, devido ao desejo de ajudar os cachorros e os seus proprietários, auxiliei a conceber e introduzir o primeiro curso de primeiros socorros da Cruz Vermelha Americana, em Berkshire County, Massachusetts e ministrei cursos de instrutores de primeiros socorros para animais de estimação para o público em geral.

Sou membro fundador do Northeast Pyr Rescue (NEPR) e desempenhei funções de Presidente desta organização nos últimos quatro anos. O NEPR é uma organização sem fins lucrativos que se ocupa com as necessidades dos cachorros de raça de montanha dos Pirenéus perdidos, abandonados e negligenciados em todo o Nordeste.

Resido em Lee, Massachusetts, com o meu marido e alma gêmea, Tim, e três grandes cachorros da montanha dos Pirenéus, Gaston, Bella e Gentille. Também temos dois gatos, Valentino e Solo, e três ovelhas, Bit-of-Honey, Licorice e Snickers. Todos os membros da nossa família apreciam ser massageados.

Há momentos decisivos na vida. Algumas vezes, esses momentos são difíceis de especificar e outras vezes são bem vívidos. Para mim, o dia em que conheci Remy foi um destes momentos. Ele era um cachorro da montanha dos Pirenéus de um ano que residia numa antiga fazenda de ovelhas no Maine. Era ortopedicamente aleijado de nascença, com quadris que nos faziam estremecer e perdia urina quando tinha a bexiga cheia. Quando se virou para olhar para mim, acho que efetivamente sorriu. Fiquei encantada com ele, e foi assim que começámos a nossa vida juntos.

Remy ensinou-me quase tudo o que sei sobre massagem canina. Massageei o corpo dele e fiz alongamentos nos seus membros durante as três cirurgias reconstrutivas ao joelho que teve de fazer no espaço de um ano e meio. As massagens eram parte da nossa vida em comum. Ele ensinou-me o significado do *timing* e do ritmo corporal, que técnicas funcionam melhor nos diversos músculos, quando fazer mais e quando fazer menos. Ele aprendeu a desfrutar e a exigir a sua massagem diária. Durante esses momentos, eu também aprendi algumas coisas.

Remy ensinou-me que os erros não têm importância se a intenção de cuidar estiver presente. Ensinou-me a tolerar interrupções porque ele não se importava de esperar; que a coragem é necessária se quisermos ter sucesso; a ser honesta com o que eu não sabia, e assim me tornei mais aberta a uma maior aprendizagem; a confiar na minha intuição, porque muitas vezes ela estava certa.

Com tudo isto, cheguei à conclusão de que Remy me ensinou não só o que havia para saber sobre massagem, mas sobre a própria vida. Através dos seus olhos, consegui ver a mim mesma. O dia 9 de março de 2006 foi um dos mais tristes da nossa vida. Tivemos de adormecer o nosso amado Remy para sempre. Ele tinha câncer (linfoma), mas não sofreu um único dia, e esse foi o nosso presente para ele como retribuição a tudo o que ele nos proporcionou. A massagem era uma parte da sua vida e me pareceu natural que fizesse parte da sua morte. Quando o veterinário chegou, eu comecei a massagear Remy. O massageei e embalei suavemente enquanto conversávamos, e ele suspirou baixinho enquanto se entregava profundamente ao movimento familiar. Foi-lhe dado um sedativo leve e eu continuei com o toque que era tão familiar e calmante para ele e para mim. Depois de um momento, o veterinário fez deslizar, sem dor, a agulha para o interior da sua veia. Continuei conversando com ele em voz baixa à medida que todo o amor que sentia por ele fluía para o seu corpo através das minhas mãos. A sua morte foi um prolongamento da vida a que estava acostumado. Devido a tudo o que Remy me ensinou, sinto que ele continua vivo através do meu trabalho. Espero compartilhar com você tudo aquilo que aprendi com este cachorro maravilhoso.

A coragem nem sempre ruge.
Por vezes, a coragem é a voz calma no final do dia, dizendo:
"Vou tentar de novo amanhã".

— EDITH WHARTON

BIBLIOGRAFIA

BENSON, Herbert. *The Relaxation Response*. Nova York: Harper Paperbacks. 2000.

BOORER, Wendy; HOLMES, John. *The Love of Dogs*. Nova York: Crescent Books, 1974.

CULIFFE, Juliette. *The Encyclopedia of Dog Breeds*. Nova York: Barnes and Noble Publishing, 2005.

EVANS, Howard; CHRISTENSEN, George. *Millers Anatomy of the Dog*. Saunders, 2004.

FISHER, Bettty; DELZIO, Suzanne. *So your dog's not Lassie*. Nova York: Harper Collins, 1998.

GROSS, Deborah. *Canine Physical Therapy*. Wizard of Paws, 2002.

HOURDEBAIGT, Jean-Pierre; SEYMOUR, Shari. *Canine Massage*. Howell Books, 1999.

KAINER, Robert; O'CRACKEN, Thomas. *Dog Anatomy: A Coloring Atlas*. Jackson, Wyoming: Teton New Media, 2003.

MARSHALL THOMAS, Elizabeth. *The Social Lives of Dogs*. Nova York: Simon & Schuster, 2000.

MCCONNELL, Patricia B.. *The Other End of the Leash*. Nova York: Ballantine Books, 2002.

MCKAY, Pat. *Reigning Cats and Dogs*. 2ª edição. Oscar Publications, 2004.

MERY, Fernand. *The Life, History & Magic of the Dog*. Nova York: Madison Square Press, 1968.

MILLIS, Darryl; LEVINE, David; TAYLOR, Robert. *Canine Rehabilitation & Physical Therapy*. Saunders, 2004.

PUGNETTI, Gina. *Simon & Schuster's Guide to Dogs*. Nova York: Simon & Schuster, 1980.

RIEGGER-KRUGH, Cheryl; MILLIS, Darryl. *Basic Science for Animal Physical Therapists*. APTA La Crosse, Wisconsin (Orthopedic Section), 2000.

RUGAAS, Turid. *On Talking Terms with Dogs: Calming Signals*. Legacy by Mail Inc., 1996.

YAMAZAKI, Tetsu; KOSIMA, Toyoharu. *Legacy of the Dog*. Yami-Kei Publishers, 1993.

ZINK, Christine. *Peak Performance*. Canine Sports Productions, 1997.

ZINK, Christine. *Dog Health & Nutrition for Dummies*. Nova York, Wiley Publishing Inc., 2001.

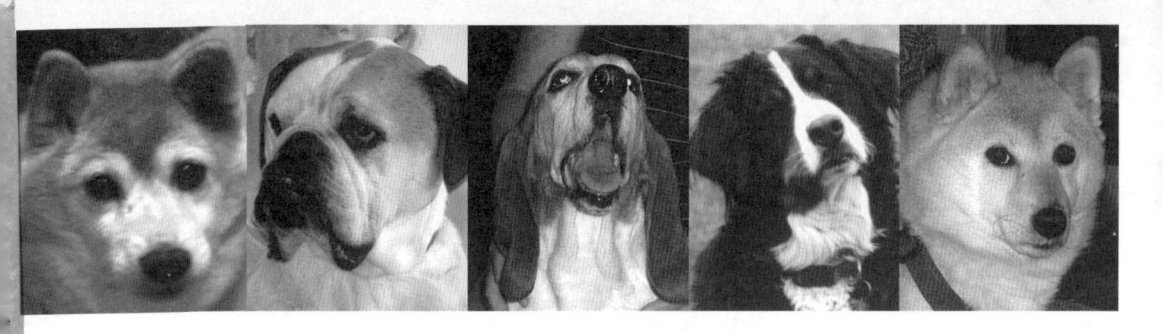

PET.GROUND

Uma COLEÇÃO capaz de modificar a sua vida
e a sua relação pessoal com o seu animal

Pesquisas mostram o que todos já sabemos: os animais de estimação são a grande compensação humana para o desgaste do cotidiano. Leais e verdadeiramente amigos, eles têm a intrínseca capacidade de nos acalmar e simultaneamente reprogramar instintivamente as emoções, levando-nos a um estado de contentamento interior.

Mas eles pertencem a um reino diferente e bem mais sensível do que o dos seus donos e devem ser compreendidos e tratados com um conhecimento adequado da sua sutileza e tribo.

Assim, remédios naturais, massagens adequadas, comunicação real e entendimento da vida espiritual que nos une a eles são temas dos livros que a GROUND reúne numa coleção dedicada à compreensão da sua saúde total, cumprindo o papel de verdadeiros companheiros de alma que já somos.

Impresso por :

Graphium
gráfica e editora
Tel.:11 2769-9056